CW01645620

FABIEN

Curieux de tout, Fabien Olicard a toujours aimé comprendre les choses, les idées et les gens. Pourvu d'une étonnante mémoire, c'est à l'âge de 8 ans qu'il découvre la magie, ce qui le conduira rapidement vers la psychologie et le mentalisme. Captivant, pédagogue, vif et drôle, il aime transmettre sa passion avec humour. *Votre cerveau est extraordinaire* (2017), *Votre cerveau est définitivement extraordinaire* (2018), *Votre temps est infini* (2019) et *Le bonheur est caché dans un coin de votre cerveau* (2020) ont tous parus aux éditions First.

Retrouvez toute l'actualité de l'auteur sur :
www.fabienolicard.fr

VOTRE TEMPS EST INFINI

MIXTE
Papier issu de
sources responsables
FSC® C003309

L'éditeur de cet ouvrage s'engage dans une démarche
de certification FSC® qui contribue à la préservation
des forêts pour les générations futures.

Pour en savoir plus :
www.editis.com/engagement-rse/

Le Code de la propriété intellectuelle n'autorisant, aux termes de l'article L. 122-5, 2° et 3° a, d'une part, que les « copies ou reproductions strictement réservées à l'usage privé du copiste et non destinées à une utilisation collective » et, d'autre part, que les analyses et les courtes citations dans un but d'exemple et d'illustration, « toute représentation ou reproduction intégrale ou partielle faite sans le consentement de l'auteur ou de ses ayants droit ou ayants cause est illicite » (art. L. 122-4).
Cette représentation ou reproduction, par quelque procédé que ce soit, constituerait donc une contrefaçon, sanctionnée par les articles L. 335-2 et suivants du Code de la propriété intellectuelle.

© Éditions First, un département d'Édi8, Paris, 2019

ISBN : 978-2-266-31124-3
Dépôt légal : avril 2021

FABIEN OLICARD

VOTRE TEMPS EST INFINI

Et si votre journée était plus longue
que vous ne le pensiez ?

F1RST
ÉDITIONS

SOMMAIRE

AVANT-PROPOS

Nous y sommes... Prêt à tromper les lois de la physique universelle ? Prêt à utiliser toutes les fonctionnalités de votre esprit ? Prêt à rendre relatif le temps qui compose vos journées ? J'ai conscience que, dit comme cela, la promesse semble trop belle pour être vraie. C'est donc la première barrière que nous allons faire tomber ensemble : le temps qui passe vous appartient ! Vous pouvez le stopper, le manipuler, l'accélérer, le multiplier. Votre temps est infini.

Avec tout ce temps que nous allons générer, vous pourrez être plus productif professionnellement, mais aussi profiter de plus de non-temps, d'oisiveté, de moments dédiés à votre bonheur. Indirectement, vous allez également créer du temps pour les personnes qui vous entourent.

Vous tenez entre vos mains les astuces, les concepts et les considérations que j'ai élaborés tout au long de mon parcours. Mais c'est avant tout une philosophie de vie qui m'a permis d'être heureux *chaque jour*, d'être toujours d'humeur égale et d'avoir la sensation de profiter du temps au lieu de subir son perpétuel écoulement. Je vous donne ainsi accès à tout ce qui m'a permis d'être libre et autonome.

Vous serez peut-être surpris de lire des passages sur ma vie personnelle. Je tiens pourtant à vous y emmener, discrètement. En vous faisant assister à ces scènes du passé, je veux que vous assistiez aux difficultés que j'ai pu rencontrer, mais – surtout – que vous ressentiez la même étincelle que moi lorsque des situations m'ont proposé d'elles-mêmes des solutions. Ce sont ces mêmes solutions que nous allons appliquer pour augmenter votre temps disponible quotidien.

J'ai hâte de découvrir ce que vous allez faire de cette nouvelle vie que vous allez créer ! J'ai mis en place une page Facebook où vous pourrez me faire part de vos propres concepts et astuces, et de ce que vous apporte votre nouvelle manière de vivre. Un espace virtuel dans un temps imaginaire, comme peut l'être ce livre.

Je n'ai qu'une seule certitude : chaque minute que vous dépenserez à lire ces lignes sera un bon investissement… Le seul investissement qui vous rapportera immédiatement !

Une légende urbaine véhicule l'idée que nous n'utilisons que 10 % de notre cerveau. C'est faux : nous utilisons bien l'intégralité de ce fascinant organe… mais sans chercher à l'exploiter correctement. C'est probablement pour cette raison que nous n'utilisons correctement que 10 % de notre temps… et c'est ce que nous allons changer ensemble.

Félicitations ! Vous venez de prendre la meilleure décision de votre vie.

INTRODUCTION

LE PIRE ESCLAVE DU TEMPS QUE JE CONNAISSE

Lorsque j'ai décidé d'écrire ce livre, j'ai tout de suite pensé à la personne la plus désorganisée que je connaisse. Je me suis dit que c'est exactement ce qui aurait pu l'aider et lui épargner des années de souffrance dans sa vie.

Il cumule les médailles puisque c'est également le pire procrastinateur que j'ai rencontré. Son histoire est assez atypique pour mériter de vous être contée...

Tout a commencé avec le pire cadeau que l'on ait pu offrir à ce procrastinateur de compétition : une certaine facilité à l'école. C'est assez naturellement qu'en primaire, il apprenait ses cours du jour pendant son petit déjeuner au lieu d'avoir un rituel le soir comme ses camarades. Pour lui, c'était extraordinaire : il n'avait jamais de corvée d'apprentissage le soir en rentrant de l'école, il pouvait se consacrer directement à ce qui l'amusait.

Mais voilà : au collège, la charge de travail augmente, avec le nécessaire apprentissage de l'autonomie. C'est ainsi qu'il s'est retrouvé à faire ses devoirs dans le bus tous les matins, sur ses genoux, avec des cours si mal tenus qu'aucune personne avec une sensibilité normale n'aurait voulu les lire... pas même lui d'ailleurs ! Puisqu'il n'ouvrait jamais ses cahiers... Je me souviens avoir vu son professeur de mathématiques, en cinquième, éjecter violemment son bureau pour le renvoyer du cours avec fureur au vu de l'immonde torchon qu'il avait osé appeler « ses devoirs ». Son excuse pour justifier ce document illisible était que « les résultats étaient justes ». Il me semble que ce jour-là, il n'avait pas vraiment compris pourquoi son professeur était si mécontent.

Sans méthode et avec de mauvaises habitudes, il s'est retrouvé au lycée Léonce Vieljeux, où on pouvait le voir régulièrement faire ses devoirs maisons dans la cour, à la dernière minute... même lorsqu'il avait eu quinze jours de vacances pour les faire.

La plus terrible des anecdotes est probablement celle de l'épreuve de philosophie au bac. Pas de brouillon, un premier jet non relu, rendu au bout d'une heure pour une simple raison : les candidats avaient le droit de quitter la salle d'examens après cette première heure obligatoire ! Son résultat à cette épreuve ? 18 sur 20. Ou comment récompenser l'incompétence... Un véritable cadeau empoisonné qui ne l'aidait pas à changer.

En plus d'un stress permanent – quand les échéances arrivaient – et d'une auto-déception à chaque fois qu'il ne tenait pas les promesses qu'il s'était faites pour ne plus vivre ça, ce parcours rarement punitif ne lui permettait pas de se remettre en question et le laissait patauger dans ses habitudes.

Après tout, pourquoi vouloir réparer une voiture qui nous emmène finalement toujours à destination en temps et en heure ? C'est ainsi qu'il est devenu un jeune adulte complètement désorganisé et procrastinateur de première... ne menant jamais correctement ses projets à bien, sans même comprendre comment le temps avait pu passer si vite... une fois de plus...

Si je peux si bien raconter sa vie, c'est que cette personne... c'est moi ! Aujourd'hui encore, j'éprouve un sentiment étrange quand je repense à ce jeune moi du passé. Comment ai-je pu laisser filer tant d'années sans réagir ? Alternant de longues périodes de sables mouvants dans du rien et des rythmes effrénés pour rattraper le retard accumulé. Je ne me l'explique pas complètement mais une chose est sûre : c'est ancré dans mes gènes.

J'ai été sauvé par une chose : la curiosité, qui me pousse à me passionner pour tout et n'importe quoi. Comment assouvir ce besoin permanent d'apprendre, de comprendre et d'expérimenter si je gâchais mon temps constamment ? Surtout que, pour couronner le tout, j'étais un gros dormeur et un couche-tard… Et nous savons tous que ce que l'on fait entre 21 heures et 3 heures du matin est essentiellement du divertissement ou de l'occupation futile. Ce fut donc aux alentours de mes 17 ans que je décidai que j'allais pouvoir tout faire… tout simplement… J'ai créé mes premiers mantras de vie, fait une réelle introspection, admis qui j'étais et compris que je ne pouvais pas lutter contre. J'ai décidé d'être heureux, d'avoir le temps que je voulais et d'être capable de faire tout ce que je voulais.

Lorsque l'on arrête de mener un combat que l'on perd quotidiennement depuis presque dix-huit ans, il ne reste qu'une solution : se créer un environnement et des méthodes qui ne vont pas contre nos tendances naturelles, qui ne font pas souffrir, qui s'adaptent à notre environnement.

Le temps est transversal, il se trouve partout dans notre vie. Pour en devenir maître, il faut une philosophie du temps écologique qui ne provoque pas de souffrances quand on l'applique. Pas une méthode à suivre avec rigueur et douleur, mais une manière de vivre où l'on prend en compte ses défauts et ses préférences. Pour obtenir au final le pouvoir d'avoir toujours le temps de faire quelque chose que l'on souhaite.

AUTONOMIE ET LIBERTÉ

La gestion de votre temps est intimement liée à vos prises de décision. Quotidiennement, vous prenez au moins 35 000 décisions ! Inutile de relire cette phrase en pensant y trouver une erreur de frappe, il s'agit bien de 35 000 décisions. Ce nombre est hallucinant et un secret se trouve caché derrière...

Votre alimentation vous demande en moyenne de prendre 221 décisions chaque jour... Mais vous n'en avez pas conscience. En réalité, 99,74 % des décisions que vous prenez sont gérées inconsciemment par votre cerveau pour vous éviter d'avoir une surcharge mentale permanente. Votre inconscient s'appuie sur vos habitudes, vos croyances, vos craintes, vos désirs, vos buts, puis prend seul la décision qui crée le moins de conflits avec les facteurs précédents.

La question qui se pose alors est : avez-vous décidé, en amont, de ce qui est important pour vous ? Avez-vous donné à votre inconscient une boussole qu'il pourra suivre pour prendre les 34 909 décisions qu'il gère à votre place chaque jour ?

Le jour où j'ai compris cette réalité, j'ai dû fouiller loin au fond de moi. J'ai dû être honnête envers moi-même pour accéder aux priorités de ma vie, en allant chercher ce qui me rendait véritablement heureux. C'est comme cela que j'ai découvert mes mantras : *autonomie* et *liberté*. Deux mots simples qui représentent pour moi le bonheur. Guider ma vie vers ces deux notions est l'assurance d'être sur le chemin qui me correspond.

Le travail que j'ai dû faire pour découvrir mes mantras et les comprendre fait qu'aujourd'hui, mon inconscient les connaît aussi bien que mon conscient. Maintenant, je sais que 100 % de mes décisions quotidiennes sont examinées au travers de mes mantras :

- Est-ce que ce choix me rend plus ou moins libre ?
- Est-ce que ce choix me rend plus ou moins autonome ?

En plus des conseils, des méthodes et des stratégies que ce livre va vous apporter, je vous amènerai aussi à découvrir vos mantras. Mais à présent que vous connaissez les miens, vous comprendrez mieux chacune de mes stratégies et pourquoi elles fonctionnent.

VOUS VENEZ DE GAGNER 1 440 EUROS PAR JOUR !

Je vous propose ici un jeu pour votre esprit. Faites-le avec le plus de considération possible. Laissez œuvrer votre imaginaire et suivez-moi…

Installez-vous confortablement et imaginez que vous êtes en train de regarder les résultats du loto à la télévision. C'est une soirée spéciale car un nouveau jeu vient d'être créé : un habitant est choisi au hasard pour gagner 1 440 euros par jour, nets d'impôts… Et devinez quel nom s'affiche à l'écran… le vôtre ! Vous ne rêvez pas ! Ressentez cette émotion et digérez l'information car il y a quelques petites lignes de conditions au bas de l'écran. Heureusement pour vous, j'ai ma loupe et nous allons les découvrir ensemble.

Cette incroyable somme vous est versée chaque matin, à votre réveil, automatiquement. Vous en disposez comme vous le souhaitez mais il y a deux règles importantes et inconditionnelles :

- Vous devez savoir que les versements peuvent se stopper définitivement à n'importe quel moment. Vous ne serez pas prévenu et vous n'avez aucun moyen de savoir si ça sera dans deux heures, deux jours, deux ans ou vingt ans.

- Chaque jour, l'argent doit être intégralement dépensé. S'il vous reste de l'argent non dépensé à la fin de la journée, il vous sera retiré. Vous percevrez le nouveau versement de 1 440 euros le lendemain, sans un centime de plus. Vous ne pouvez donc pas économiser le moindre euro pour le dépenser plus tard.

Voilà la vie de rêve qui vous attend... Réfléchissez maintenant à ce que vous allez faire. Comment envisagez-vous votre vie avec ce gain perpétuel pouvant s'arrêter à n'importe quel moment et devant être intégralement dépensé chaque jour ?

Avant de lire la suite, je veux que vous posiez le livre et que vous imaginiez vraiment ce que vous feriez les premiers jours. Quand cette première étape sera claire, je veux que vous imaginiez ce que vous feriez au bout de quelques mois. Enfin, terminez par pousser votre réflexion en vous projetant au bout de quelques années. 1 440 euros... chaque jour...

Ne commencez pas le prochain paragraphe avant d'avoir consciencieusement réalisé cet exercice.

Alors ? Qu'avez-vous fait ? Comment avez-vous apprécié cette fortune perpétuelle mais en même temps éphémère ?

En général, les personnes à qui je pose la question sont assez pragmatiques et règlent d'abord les questions de sécurité et de confort. Ensuite, elles s'occupent d'elles, elles s'imaginent expérimenter, voyager, découvrir, apprécier et aimer. Et enfin, une partie des personnes qui joue à ce jeu mental s'imaginent aider les autres en œuvrant pour des associations.

Je suis certain que vous avez enfin réalisé vos grands rêves, toutes ces choses que vous aviez mises de côté dans votre vie par manque de temps, mais que vous ferez « un jour ». Vous avez sûrement visité ces pays qui vous fascinent depuis des années. Peut-être aussi avez-vous passé du bon temps avec vos proches. Dans tous les cas, vous avez enfin vécu la vie dont vous rêviez en faisant ces choses qui vous rendent heureux. Quel beau rêve vous venez de vivre...

Mais accrochez-vous...

Ce rêve va devenir une réalité dans quelques secondes...

Vous recevez ce gain avec les mêmes règles chaque jour depuis votre naissance !

Vous touchez chaque jour 1 440 unités qui seront automatiquement dépensées et que vous ne pouvez pas épargner : du temps !

En effet, une journée de 24 heures se compose de 1 440 minutes. Chaque jour, vous recevez donc 1 440 minutes de vie à dépenser... sans savoir quand ou comment le jeu de la vie s'arrêtera. C'est une fortune qui vous est attribuée chaque jour, vous pouvez en faire ce que vous voulez. Vous *devez* en faire ce que vous voulez.

Que vous en fassiez quelque chose ou pas, le temps sera consommé inexorablement. Mais jusqu'à présent, avez-vous vécu les choses que vous avez imaginées tout à l'heure ? Non ? Pourquoi ? Il est temps de prendre conscience que vous êtes bénéficiaire de cette loterie et que vous seul pouvez prendre les décisions qui vous rendront heureux.

Je pense même avoir complètement sous-évalué cette conversion entre les euros et les minutes. Une simple minute de votre vie est à mon sens bien plus précieuse qu'un simple euro. Maintenant que vous savez, comparez ce que vous faites de vos 1 440 minutes quotidiennes avec ce que vous pensiez faire lors de ce jeu d'imagination. Vous aurez une nouvelle vision des directions que vous voulez prendre dans votre vie, et une idée des décisions que vous devez prendre... La loterie peut s'interrompe à tout moment.

N'attendez plus pour parcourir les chemins auxquels vous aspirez, vous êtes LE grand gagnant.

CHANGEZ FONDAMENTALEMENT VOTRE VISION DU TEMPS

Dans cette première partie, vous allez agir sur le long terme en adoptant les bonnes pratiques pour optimiser votre vie. Imaginez que vous vouliez courir un marathon : il faudrait bien sûr vous entraîner, mais aussi comprendre vos cycles de repos, votre alimentation, le rythme de vos séances, quel équipement acheter, etc. C'est la même chose pour accéder à son temps infini. Vous devez vous y préparer. À l'issue de cette partie, vous aurez compris ce qu'est le temps, mais surtout ce qu'est *votre* temps.

Vous allez commencer par prendre contact avec les éléments essentiels de ma conception du temps. Cela vous permettra de les assimiler et de les laisser s'épanouir chez vous ensuite. Peut-être ne verrez-vous pas immédiatement l'importance de ces concepts, mais lorsque vous passerez aux deux grandes parties suivantes, vous comprendrez à quel point ces détails cimentent l'efficacité globale de la méthode.

QU'EST-CE QUE LE TEMPS ?

Vouloir rajouter du temps à l'infini dans sa journée est une sage ambition. Mais vous savez que la Terre tourne sur elle-même en 23 heures et 56 minutes donc, à moins d'avoir le pouvoir de ralentir sa rotation, une journée ne fera toujours que 24 heures. Heureusement, nous avons le pouvoir de malaxer, dupliquer et réorganiser le temps ! Pas besoin d'être le dieu primordial Chronos pour obtenir du temps bonus, mais il faut en premier lieu observer à quels endroits vous dépensez vos précieuses minutes habituellement.

LES DIFFÉRENTS TEMPS

Donner une nomenclature aux différents temps que vous utilisez vous aidera à comprendre comment vos 1 440 minutes sont réparties dans une journée. Vos décisions seront ensuite prises en pleine conscience. C'est un premier pas vers la *liberté*.

Catégoriser ses dépenses de temps est aussi important qu'une étiquette d'ingrédients sur une boîte de biscuits. Les ingrédients seront toujours ce qu'ils sont, mais c'est vous qui déciderez de manger plus ou moins de ces biscuits en connaissance de cause.

Savoir à quel type de temps correspond chaque moment de sa journée permet de comprendre objectivement de quoi est fait son temps quotidien.

Le temps professionnel

N'importe quelle seconde dépensée ayant pour but de gagner une somme d'argent (immédiatement ou à long terme) est une seconde de temps professionnel. Peu importe que vous perceviez l'argent à terme – salaire fixe – ou que ce soit un projet professionnel qui aboutira, à la hauteur de vos espérances ou en deçà.

Si le but final est une rémunération financière certaine ou espérée, alors ce temps rentre dans cette catégorie de temps professionnel.

Une activité ayant pour finalité une rémunération se classe en temps professionnel.

Le temps personnel

Le temps personnel a toujours une forme de relative productivité, d'utilité, mais n'est pas fait de manière contrainte. Cela peut être des vacances en dehors de chez vous, mais aussi une activité que vous aimez faire comme jouer aux jeux vidéo, regarder un film, appeler vos amis. À compter du moment où pratiquer cette action n'est pas vécu comme une corvée, alors vous pouvez rentrer cette dépense de temps dans cette catégorie. Ainsi, certains mettront « faire les courses » ici tandis que d'autres classeront cette même activité dans la catégorie des « obligatoires », tout dépendra de votre rapport au shopping.

Une activité génératrice de plaisir mais sans autre bénéfice se classe en temps personnel.

Le temps pour soi

C'est le temps le plus sacrifié et qui pourtant nourrit l'essence même de qui vous êtes. Tout ce qui va nourrir votre esprit, votre corps et votre âme va se trouver ici. Il s'agit de l'acquisition de nouveaux savoirs ou de nouvelles compétences sans objectif particulier, comme lire un livre, jouer d'un instrument de musique, apprendre une langue mais également la pratique d'un sport comme le yoga, le cardio, le renforcement musculaire, etc. Ou encore l'introspection et/ou la spiritualité comme la méditation, l'organisation de son temps, la cohérence cardiaque, une séance de coaching, etc.

Une activité qui vous fait progresser physiquement, mentalement ou spirituellement se classe en temps pour soi.

Le temps obligatoire

Ce temps englobe les temps de trajets pour aller au travail, les tâches ménagères, les tâches administratives, etc. Tous les moments qui sont obligatoires et pour lesquels vous pouvez ressentir un mécontentement. Si un temps ne rentre pas dans les catégories précédentes et qu'il comporte une charge négative, alors il a de fortes chances de se retrouver classé ici.

Vous inclurez également le sommeil, les repas et l'hygiène personnelle ici. Ces activités vitales sont des tâches à part et j'aurais pu créer une autre catégorie pour elles. Mais même si mon expérience m'a démontré que ces besoins pouvaient être manipulés positivement sans modifier notre rapport plaisir/déplaisir vis-à-vis de ces derniers, leur caractère inexorable les classe dans le temps obligatoire.

Une activité obligatoire vous donnant un sentiment négatif se classe en temps obligatoire. Les activités vitales se classent également en temps obligatoire.

Le temps perdu ou le « non-temps »

Ce temps existe, il se développe d'ailleurs avec la technologie – dont je suis pourtant si passionné. C'est le temps qui n'entre dans aucune des catégories précédentes :

- Une pause cigarette ? C'est du non-temps.
- Aller vingt fois sur les réseaux sociaux en quelques heures pour regarder les mêmes contenus à peine actualisés ? C'est du non-temps.
- Être sur son téléphone depuis 30 minutes alors que l'on était venu chercher une information précise et facile à trouver ? C'est encore du non-temps.

En résumé, le non-temps englobe toutes les actions qui se sont faites sans décision réelle de votre part, sans que vous soyez en pleine conscience, dont le temps dépasse souvent celui que vous vouliez y consacrer et qui ne vous apporte aucun plaisir/déplaisir particulier.

Une activité qui remplit votre temps sans apport, sans être obligatoire, sans plaisir, sans déplaisir, se classe en temps perdu ou non-temps.

Votre temps

Maintenant que vous connaissez la nomenclature des différents secteurs où vous dépensez votre temps, je vous propose de consacrer un moment à noter sur une feuille ce que vous avez fait la semaine passée. Nommez tous ces moments, quantifiez-les, et bien sûr, regroupez-les lorsqu'ils sont récurrents. Une fois regroupés, divisez par sept chaque type de temps inscrit afin de rationaliser chaque poste de dépense temporelle sur une journée. Rangez ensuite chacun de ces « postes » dans chacune des cinq catégories.

Vous éprouverez sûrement des difficultés à quantifier les moments mais vous pouvez les estimer au jour le jour. Cherchez simplement à être honnête et pragmatique pour avoir un résultat proche de la réalité.

EXEMPLE DE RÉPARTITION SUR UNE JOURNÉE

Temps professionnel – 5 h 30

Travail au bureau – 5 heures
Réponses aux mails depuis mon domicile – 30 minutes

Temps personnel – 1 h 30

Appeler mes parents – 30 minutes
Jouer à la console – 1 heure

Temps pour soi – 2 heures

Lire dans les transports en commun – 1 heure
Sport – 1 heure

Temps obligatoire – 11 heures

Dormir – 7 heures
Repas – 2 heures
Hygiène – 1 heure
Faire la vaisselle – 10 minutes
Faire le ménage – 25 minutes
Faire les courses – 25 minutes

Non-temps – 4 heures

Regarder les réseaux sociaux – 2 heures
Regarder un programme télévisé qui ne m'intéresse pas – 1 h 30
Écouter un voisin avec qui je n'ai pas envie de parler – 30 minutes

Vous allez enfin avoir pour la première fois de votre vie une vision claire, objective et sans concession du « Comment est utilisé mon temps sur une journée ». Formidable nouvelle car vous allez ainsi pouvoir prendre des décisions, pointer ce qui ne vous convient pas et changer tout ce que vous voulez ! C'est une première étape importante vers la liberté et l'autonomie. D'ailleurs, d'après vous... faire cet exercice fait partie de quelle catégorie de temps ?

Réponse : cet exercice est une introspection que vous avez voulu faire dans un but positif sur votre vie, le temps passé à le réaliser fait donc parti du « temps pour soi ».

VOTRE COMBAT CONTRE LE TEMPS

Je me suis souvent posé cette question. Comment diable je me débrouille pour ne jamais avoir de temps ? Plus je suis débordé, plus je visualise ce que je pourrais ou j'aimerais faire si j'avais du temps devant moi, mais force est de constater que sur mes moments libres, je ne sais pas quoi faire... Ou du moins je me fais croire que je ne peux rien faire pour le moment, trop absorbé dans du rien, à actualiser frénétiquement mes réseaux sociaux sans même profiter de ce non-temps.

Le mouvement perpétuel

En voulant aborder ce sujet avec vous, mes doigts ont commencé par écrire « lorsque j'étais un procrastinateur avéré » mais je me suis ravisé. Un procrastinateur l'est pour toujours, je suis un procrastinateur abstinent. Je fais volontairement le même parallèle que pour certaines addictions. Quand, après quinze ans à fumer des quantités incroyables de cigarettes – environ deux paquets par jour –, je me suis arrêté, j'ai vite compris que je ne serai jamais « non-fumeur » puisque l'envie peut régulièrement revenir me hanter, sans raison particulière. Je suis donc un fumeur abstinent, je résisterai en permanence à ce vice inutile et destructeur.

Je crois qu'il en est de même pour mon côté procrastinateur. Les stratégies, ou plutôt la philosophie du temps que j'ai mise en place depuis des années, garde enfermée cette tentation qui, comme la cigarette, ne m'amène aucun bénéfice.

Aujourd'hui, je sais prendre des pauses, du temps pour moi. Avant, je ne le faisais jamais pour continuer « d'avancer » ou par « culpabilité ». J'avançais… mais en marchant au ralenti et en procrastinant. J'avais le sentiment d'être toujours dans une mélasse d'activités, toujours en retard et sans jamais prendre de moments de plaisir ou de repos. C'est la perversité d'un système qui se déroule sans que nous en soyons à l'origine réellement.

Pourquoi je n'avais jamais de temps ? Parce que j'avais toujours le sentiment de devoir le rattraper. Parce que je n'étais pas organisé. Ce mot n'est pas vulgaire et porte malheureusement trop souvent l'image d'une vie effrénée, carrée, productive en permanence, fade et bien rangée. Il n'en est rien. S'organiser, ce n'est pas remplir un planning jusqu'à débordement. S'organiser, c'est avant tout avoir une vision globale du temps que l'on a et pouvoir décider de ce que l'on va en faire. Pour moi – et c'est tout l'objet de ce livre –, c'est aussi une manière de pouvoir générer un temps infini en optimisant ce qui peut l'être… toujours *sans souffrance*.

Sans souffrance… Ça n'est pas la première fois que j'écris cette expression dans ce livre car c'est un élément essentiel. Mon objectif était de transformer des actions ponctuelles ou nouvelles en habitudes. Mais pour être sûr de les tenir dans le temps, je devais m'assurer qu'elles ne me feraient jamais souffrir.

Pour avoir du temps, il faut une organisation saine et non contraignante, au risque d'abandonner rapidement.

Les habitudes ne font pas souffrir

Une étude scientifique de la psychologue Phillippa Lally, en 2009, a démontré qu'il fallait en moyenne 66 jours pour qu'une personne adopte une nouvelle habitude. C'est-à-dire une chose que l'on va faire naturellement, souvent quotidiennement, sans le vivre comme une contrainte dans le temps. Évidemment, cette action peut être « dérangeante » au début puisque vous injectez une nouveauté dans votre vie, en occasionnant un changement.

Le meilleur exemple que je puisse vous donner est celui du brossage de dents chaque matin. Il y a encore cent cinquante ans, personne ne se brossait les dents quotidiennement car la brosse à dents que l'on connaît aujourd'hui n'existait pas – du moins, c'était un produit de luxe et les médecins dénigraient cette méthode depuis le Moyen Âge. Aujourd'hui, c'est devenu une habitude. Vous le faites sans avoir besoin de vous le marquer dans l'agenda, et je ne pense pas que, chaque matin, vous vous disiez « Oh là là ! Il faut encore que je me brosse les dents, j'ai tellement la flemme de le faire ». Assurément, non. C'est une action quotidienne, naturelle... sans souffrance.

Les changements que vous allez opérer dans votre vie et dans votre façon d'appréhender le temps vont rapidement devenir quelque chose de naturel, auquel vous ne penserez plus. Puisqu'aujourd'hui vous subissez vos habitudes et leurs effets parfois négatifs (du moins, je le devine par votre simple interêt pour ce livre), alors demain, vous ne vivrez que dans le bénéfice de vos nouvelles habitudes que vous ferez de manière automatique.

Si vous changez une routine quotidienne durant 66 jours en moyenne, ce changement deviendra une habitude que vous effectuerez naturellement sans y penser.

La conscience du but

Pourquoi n'avais-je jamais de temps auparavant ? Parce que je ne connaissais pas mes objectifs de vie et mes véritables buts. Parce que j'avais du mal à prendre des décisions fermes et rapides. En réglant ce problème, tout est devenu plus clair. Je sais ce que je veux et je peux prendre une décision en la comparant seulement à des mots simples : *autonomie* et *liberté*.

Pourquoi n'avais-je jamais de temps auparavant ? Parce qu'il passe toujours et qu'il se remplit toujours de *quelque chose*. Mais plus le *quelque chose* est futile et non décidé, moins il est nourri, et plus il semble ne pas avoir existé.

L'hiver dernier, nous sommes partis en Thaïlande du côté de Krabi avec Céline H. Après avoir fui la plage où le soleil devenait insupportable par son intensité, nous avons opté pour de confortables transats, dans l'herbe, sous un arbre, près des petites maisons du site où nous logions. Cette proximité du site permettait de capter le wi-fi. Nous étions arrivés trente-six heures plus tôt, mais il avait plu intensément pendant tout ce temps. C'était donc le premier jour où nous profitions de la beauté des lieux. Céline H. se posa un peu sur son téléphone pendant que j'avais sorti l'excellent roman de Christine Berrou. Au bout de cinq heures, la nuit commençait à tomber et nous allions partir.

Céline a tout littéralement halluciné quand elle a vu l'heure qu'il était, elle n'arrivait pas à croire que nous avions passé cinq heures ici. Elle avait juste navigué de site en site, en regardant ses réseaux sociaux et Internet. En temps ressenti de son côté, il s'était passé une heure où elle avait geeké sans but. De mon côté, j'étais content de rentrer. J'avais terminé le livre et même eu le temps de faire une petite sieste. J'avais vu ce temps et j'avais pu profiter de lui en décidant de ce que j'allais en faire. Je prends cet exemple récent et flagrant, mais j'aurais bien sûr pu être à la place de Céline H. si j'avais commencé en dégainant mon téléphone portable juste « pour voir un truc ». Le comble de cette histoire est le titre du roman que je lisais : *À la recherche du temps perdu sur Internet*... que Céline H. avait lu quelques semaines avant moi !

Le temps se remplira toujours de quelque chose, avec ou sans votre accord, en augmentant les activités de non-temps si nécessaire. Si vous décidez d'être maître du temps – de son contenu, pas de son écoulement – alors je peux vous faire la promesse que vous aurez toujours du temps, même lorsque tout sera rempli. Par contre, si vous ne le décidez pas, vous resterez toujours l'esclave de son écoulement permanent...

N'importe quel moment de votre journée doit être vécu en pleine conscience. En étant conscient du temps qui passe, vous resterez maître de son contenu.

FOCUS SUR LE TEMPS PRODUCTIF : LES LOIS DU TEMPS

Je ne suis pas le premier à être passionné par le temps, son avancée inexorable, le côté éphémère de sa présence pourtant permanente. Beaucoup de lois ont été énoncées et certaines peuvent raisonner en vous comme une révélation. Voici les deux lois incontournables que vous devez connaître.

La loi de Parkinson : la dilatation temporelle

Cyril Northcote Parkinson était un essayiste du XXe siècle. En plus de ses activités de professeur d'histoire à Singapour, il a écrit trois essais dont un en 1957 : *Les Lois de Parkinson.*

La plus intéressante loi de Parkinson est celle sur la dilatation du temps. Elle se formule ainsi : « Tout travail tend à se dilater pour remplir tout le temps disponible. » Je suis certain que quelques-uns de vos neurones viennent d'exploser à la lecture de cette phrase. Je vous rassure : il vous en reste entre 68 et 100 milliards, pas de panique !

Je peux vous affirmer que c'est l'un des grands piliers de ma propre productivité permanente (actuelle, évidemment). Je m'accorde des délais courts pour faire les choses, et en contrepartie, mon cerveau s'adapte, trouve les stratégies pour y arriver, élimine immédiatement le superflu, le non-temps, et va à l'essentiel. Il devient mon allié et je me rends plus efficace pour tenir mon échéance. J'ai d'ailleurs remarqué que les vidéos que j'écris, tourne, et parfois monte et publie le jour même, sont souvent celles qui ont le plus de succès.

À l'époque où je réalisais une vidéo par jour, sur Internet, pendant un an, mon ami Pierre Croce a tenu également ce rythme du lundi au vendredi. En discutant ensemble, nous étions tombés d'accord sur un point : que l'on ait une journée ou une semaine pour faire une vidéo, nous utilisions tout le temps disponible pour un résultat équivalent.

Il y a quelques années, une expérience a été menée sur deux groupes : chacun d'entre eux devait effectuer la même tâche avec le même objectif. Le premier groupe avait un délai deux fois plus long que le deuxième groupe. Une fois l'expérience terminée, il a été constaté, comme le prévoyait la loi de Parkinson, que les deux groupes avaient utilisé la totalité du temps imparti... et qu'ils avaient obtenu le même résultat.

Alors dans votre planning ou rétroplanning, ne voyez jamais trop large... Il sera toujours temps d'en rajouter... du temps... si le besoin se fait sentir. Par exemple, en augmentant les délais ou simplement en déléguant. Vos dates d'échéance doivent donc aussi tenir compte du fait que vous avez parfois besoin de plus de temps pour atteindre votre objectif, afin de ne pas être pris en étau le cas échéant.

Ne prévoyez pas de délai trop large quand vous souhaitez réaliser quelque chose. Préférez rajouter du temps pour terminer lorsque c'est nécessaire.

La loi de Laborit : la loi du moindre effort

Henri Laborit est ce genre d'homme qui semble avoir eu mille vies en une. Médecin, chirurgien, neurobiologiste, éthologue, philosophe, spécialiste du comportement humain... Nul doute que son temps était infini ! Il a révolutionné la psychiatrie, ainsi que l'anesthésie et a écrit de nombreuses publications de référence sur les neurosciences. Avait-il un secret ? Oui ! Mais il ne l'a pas gardé pour lui... Selon Laborit, nous aurions tous au fond de nos gènes une petite voix qui tend à nous faire choisir ce qui nous demandera le moins d'effort. Il n'est pas naturel de se contraindre à faire ce qui nous dérange. Alors, nous repoussons... et nous souffrons.

Le but de nos cellules est d'obtenir de la dopamine, une molécule que le cerveau nous délivre lorsque l'on fait quelque chose de satisfaisant ou quand nous œuvrons pour nos besoins primaires. Cette chimie cérébrale était utile à l'aube de l'humanité pour nous stimuler à survivre, mais aujourd'hui, nous avons moins de difficulté à trouver de la nourriture ou un abri... Malheureusement, nous sommes toujours programmés pour être en quête de cette récompense par d'autres biais... souvent inutiles.

Connaître cette loi – la loi du moindre effort – et l'explication de son existence vous permet de lutter contre elle. Une solution existe, je vais vous la décrire via un magnifique exemple vidéo visible sur Internet[1].

1. « Une incroyable leçon de vie ! » : www.youtube.com/watch?v=KmIMB4U739s

RÉSUMÉ DE LA VIDÉO

Un professeur prend un grand bocal en plastique devant ses élèves. À l'intérieur de ce bocal il met autant de balles de golf que possible et demande à ses élèves si le vase est plein. Les élèves répondent oui, qu'il ne peut plus *rien* mettre.

Il verse alors un agglomérat de gravier dans le vase. Les graviers viennent se loger dans tous les trous restants entre les balles, jusqu'à remplir de nouveau le bocal. Il repose la même question à ses élèves qui, encore plus formellement, affirment que maintenant le vase est *vraiment* plein.

Le professeur sort alors un grand verre plein de sable, qu'il verse intégralement dans le grand bocal. Le sable trouve où se loger entre les graviers, jusqu'à arriver en haut du bocal. Cette fois évidemment, les élèves peuvent dire que le grand bocal est maintenant *vraiment* plein, tout en souriant. Ils ont raison !

Mais le professeur sort deux bières et les verse dans le bocal jusqu'à ce que la bière arrive en haut. Il verse jusqu'à une bouteille et demie !

Cette vidéo est une métaphore de la vie et du bonheur. Mais j'y vois une image supplémentaire. J'y vois une métaphore des vingt-quatre heures d'une journée. Si le bocal représente une journée entière, alors il est toujours possible d'utiliser ce temps pour en générer du nouveau… à condition de lutter contre l'envie naturelle d'aller vers le moindre effort !

Si les balles de golf représentent les grosses choses, lourdes, rarement agréables à faire, parfois compliquées à commencer, alors il faut les faire en premier dans la journée. Vous aurez quand même de la place pour les petites choses (les graviers), puis pour votre non-temps (le sable), et même pour les choses qui s'ajoutent et vous détournent de l'essentiel (les bières).

Mais si vous commencez par remplir votre journée avec des petites choses, les soucis à gérer, le non-temps, puis que vous y ajoutez les moments où vous serez interrompu par vos mails et vos coups de téléphone, comment voulez-vous garder de la place pour ensuite mettre vos balles de golf ?

Il vous paraît sûrement évident maintenant de remplir votre journée dans le bon ordre. Les petites choses peuvent attendre d'être gérées pour se contraindre coûte que coûte à commencer par l'essentiel. Connaître la loi de Laborit, c'est agir par priorité et ne pas écouter cette petite voix qui ne veut que du loisir ou du facile...

Pour avoir du temps, il faut toujours commencer par les tâches les plus difficiles.

QU'EST-CE QUE VOTRE TEMPS ?

Le temps... Je dois vous avouer que je suis complètement fasciné par cette notion depuis mes années de maternelle ! J'ai trois souvenirs particuliers et très précis de mon rapport au temps. En vous les racontant, vous comprendrez les derniers fondements de ma philosophie et nous pourrons commencer à agir sur votre temps.

LA DÉCOUVERTE DU TEMPS RELATIF

Je me souviens qu'aux alentours de mes 4 ou 5 ans, j'avais horreur de faire la sieste. Cette terrible coupure qui m'empêchait de faire ce que je souhaitais vraiment. Je ne comprenais absolument pas pourquoi je devais aller faire cette satanée sieste. Je ne la vivais pas comme une injustice – donc j'obéissais sagement à ma mère – mais je ne comprenais pas cette obligation que tout le monde trouvait si importante. Je restais éveillé en attendant avec un peu d'agacement le moment où j'allais pouvoir retrouver mes jouets... Mais un jour, la lumière fut ! J'eus une idée de génie. Enfin, c'est ce que je pensais du haut de mon jeune âge...

Si j'essayais de dormir, alors la sieste ne semblerait avoir duré qu'une seule seconde à mon réveil. Sans le savoir, je venais de découvrir une notion basique du temps relatif, selon l'action que l'on fait et l'intérêt que l'on y porte.

Entendons-nous bien : je savais que la sieste était un moment pour dormir, mais je ne l'ai faite que dans l'optique de ne pas subir le temps qui passe en m'ennuyant.

Le ressenti du temps qui passe dépend de l'activité que vous faites. Soyez cohérent entre ce que vous faites et la catégorie de temps dans laquelle vous êtes.

LA CONSCIENCE DE L'ÉPHÉMÈRE

Mon deuxième souvenir appartient à mon moi d'environ 7 ans. J'ai contracté une violente et douloureuse varicelle, sur tout mon corps. J'avais des boutons jusque dans ma bouche, sous mon palais, et même à un endroit intime où aucun homme ne souhaite avoir la varicelle.

Ces symptômes m'obligeaient à recevoir plusieurs fois par jour des soins, douloureux le temps de leur application. Je repoussais le moment de les recevoir grâce à de nombreux stratagèmes, plus ou moins légitimes et plus ou moins crédibles.

Contrairement à ce que l'on pourrait penser, chaque minute que je gagnais avant le début du traitement n'était pas une victoire. Au contraire, je vivais un long supplice : celui de l'attente. L'épée de Damoclès allait tomber inexorablement pour l'une des trois fois de la journée. C'est au moment où la maladie était la plus violente que j'eus un moment de sagesse enfantine : je me suis rendu compte que, quoi qu'il arrive, j'allais devoir me soigner.

Mais j'ai surtout compris que même en repoussant le soin comme je le faisais, le temps, lui, continuait d'avancer sur l'horloge de ma chambre. J'en conclus que le traitement commençait souvent au moment où il aurait dû n'être qu'un souvenir, si seulement je m'étais résigné à le recevoir au bon moment. Écrit de cette manière, ça ne semble rien, mais je venais de toucher du doigt quelque chose : l'instant présent est éphémère et se vit seulement sur le moment ; l'instant d'après, il n'est déjà plus qu'un souvenir sans sensation, une simple information de ce qui a été. Depuis ce jour, j'ai toujours foncé sur les choses douloureuses, pour ne plus les redouter et qu'elles fassent partie de mon passé le plus vite possible.

En faisant rapidement ce que vous redoutez le plus, vous gagnez sur deux tableaux : moins de charge mentale et plus de temps libre.

LA SINGULARITÉ INITIALE

Pour mon troisième souvenir, faisons un bond dans le temps. Nous arrivons devant le collège Jean Guitton, au nord de La Rochelle. Inutile de me chercher dans la cour de récréation, je suis probablement au C.D.I., au milieu des livres et proche du premier ordinateur que je rencontre dans ma vie.

C'est ici que je vais développer un profond intérêt pour l'univers, la physique et l'astrophysique. Je découvre la fascinante théorie du Big Bang (l'origine de l'univers), tant moquée dans les années 1950. Trente ans auparavant, Edwin Hubble avait pourtant révélé que l'univers n'était pas statique car les galaxies se déplaçaient en s'éloignant. C'était un début de preuve que l'univers était bien en expansion et qu'il y avait nécessairement eu un moment zéro où tout était concentré dans un espace plus restreint : le Big Bang, autrement appelé la « singularité initiale ».

J'apprendrai plus tard que ce qui nous semble si quotidien aujourd'hui est apparu à ce moment précis : le temps !

Je devrais dire le « temps réel », celui qui coule inexorablement, un peu comme dans les représentations de Salvador Dalí. Avant le Big Bang, le temps réel tel que nous le connaissons n'existait pas. Ce temps est comme une mécanique en dehors d'elle-même, qui avance sans pause et sans retour possible. Ce temps que l'on perçoit sur nos montres, pour le différencier du « temps imaginaire » – encore plus fascinant.

Le « temps imaginaire », lui, existait même avant le Big Bang. C'est un temps qui ne « s'écoule » pas et qui ne se perçoit qu'à travers les mathématiques. Il est impossible pour nous de nous le représenter mentalement. Il existe dans le plan complexe, se manipule avec des nombres complexes et a permis de résoudre bien des problèmes (dont ceux de la physique quantique et du comportement de l'infiniment petit). Dans le temps imaginaire se trouvent le passé, le présent et le futur… en même temps. Avec le Big Bang est apparue l'énergie, qui est l'essence même du temps réel. Le temps imaginaire, lui, existe en dehors de l'énergie. Je pourrais écrire un livre entier sur ce passionnant sujet…

Je vous explique tout cela pour que vous puissiez observer, en regardant par la fenêtre de ma mémoire épisodique, d'où me vient cette fascination pour le temps. Il nous paraît tellement familier que l'on oublie qu'il est si magique, si présent, si complexe.

Nous courons tous après lui… mais pourquoi ? Principalement pour « avoir le temps de tout faire » ou pour « pouvoir prendre du temps ». Mais à l'inverse du sablier d'Horace Slughorn dans *Harry Potter*, il s'écoule plus vite quand notre intérêt est stimulé et plus lentement lorsque la tâche est rébarbative.

Le temps réel est le temps associé à de l'énergie. Si vous gaspillez du temps réel, alors vous gaspillez votre énergie. Le temps imaginaire existe lui en dehors de l'énergie, et par essence, il ne peut pas être gaspillé.

RÉCAPITULATIF

Ce livre est donc une promesse de vous offrir un temps infini, et ce, sans toucher à l'essence de vos activités actuelles. Je m'y engage. J'ai dû et pu le faire pour moi par la force des choses, j'ai pu l'analyser, j'ai pu également aider mon entourage efficacement avec ces mêmes méthodes. Vous aussi, vous allez accéder à ce temps réel ayant la même profondeur que le temps imaginaire.

La première chose que vous devez retenir, c'est qu'il n'y a pas de souffrance dans cette méthode pour aborder le temps. Le but n'est sûrement pas de devenir plus productif à tout prix – chacun fait ce qu'il veut de son temps et la productivité est quelque chose de subjectif.

La deuxième chose, c'est que vous allez changer votre rapport au temps : vous allez jouer avec lui, glisser avec lui et ne plus le subir.

Vous avez sûrement ouvert ce livre pour :

- avoir plus de temps pour mener à bien vos projets professionnels ;
- avoir plus de temps pour vos activités personnelles ;
- avoir plus de temps pour prendre soin de vous ;
- ne plus vous sentir dépassé ;
- plusieurs de ces raisons.

Vous trouverez tout cela en même temps, au fur à mesure de votre lecture, mais aussi un pouvoir bien plus complet allant vers l'autonomie et la liberté.

COMBIEN VAUT VOTRE TEMPS ?

Voici un autre exercice facile à réaliser et qui va vous apprendre quelque chose d'utile pour vous : la valeur financière de votre temps. Cette section a pour but de vous aider à calculer la valeur purement financière de votre temps. Il s'agit bien sûr d'une estimation. Celle-ci va mélanger des sensations émotionnelles (ou inconscientes) à des données très factuelles.

Vous obtiendrez la meilleure estimation de la valeur de votre temps que vous n'avez jamais eue. J'ai fait cet exercice tardivement dans ma vie, en 2016, lors d'une formation que m'offrait Google en ma qualité de YouTube Partner. J'avais intégré avec une poignée de personnes un programme spécial en interne, dirigé par les équipes londoniennes de Google. Nous avons fait cet exercice qui m'a souvent aidé à y voir plus clair dans mes choix... Vous verrez d'ailleurs bientôt à quel point le processus de décision peut être inutilement long, simplement par manque d'outils.

Répondez donc le plus sincèrement possible et suivez les consignes. Pour simplifier l'exercice, vous devez imaginer les résultats en net et non en brut.

LA CARTE CADEAU

Imaginez que je vous propose de passer une heure au téléphone, sans rien faire d'autre qu'attendre votre tour, pour gagner une carte cadeau que vous pourrez dépenser n'importe où. Combien devrait coûter au minimum cette carte cadeau pour que vous patientiez sagement au téléphone durant 60 minutes ?

Montant 1 : ....

LA TÂCHE FACILE

Vous devez exécuter une tâche simple et répétitive pendant une heure. Cette tâche ne vous apporte rien de spécial à aucun niveau mais elle doit être faite absolument pendant une heure entière. Combien seriez-vous prêt à dépenser au maximum pour que je fasse cette tâche pour vous pendant 60 minutes ?

Montant 2 : ....

VOS VÉRITABLES REVENUS

- Prenez l'ensemble de vos revenus issus de votre travail du mois dernier (s'ils sont fluctuants, faites-le sur une année pour obtenir une moyenne mensuelle).
- Calculez maintenant tout le temps que vous avez passé à travailler pour obtenir ces revenus (s'ils sont fluctuants, faites-le également sur une année).

- Enfin, calculez le temps que vous avez passé dans les transports pour obtenir ces revenus (s'ils sont fluctuants, faites-le encore sur une année).

- Tapez l'opération suivante sur une calculatrice : REVENUS / (TEMPS DE TRAVAIL + TEMPS DE TRANSPORT).

Montant 3 : ....

VOTRE SEUIL DE SATISFACTION

Vous allez maintenant faire une estimation, c'est l'étape la plus complexe. Vous devez estimer combien vous souhaiteriez gagner par heure de travail pour vous sentir « satisfait ». Il ne s'agit pas du montant minimum et encore moins d'un fantasme de montant exorbitant. Vous devez noter le montant que vous trouvez raisonnable. À titre d'exemple, la première fois que j'ai fait cet exercice, j'avais noté 12 euros.

Montant 4 : ....

Additionnez les montants 1, 2, 3 et 4 et divisez l'ensemble par 4. Vous obtenez ainsi une estimation réaliste de la valeur d'une heure de votre temps. Le résultat peut être surprenant et je vous invite à le comparer avec les montants 1, 2, 3, 4 individuellement. Comparez les écarts et voyez si vos réponses sont cohérentes avec ce que vous valez vraiment.

RÉSULTATS

- Si votre valeur est supérieure au montant de la carte cadeau : cet écart montre que vous appréhendez vos décisions émotionnellement. En mettant plus d'analyse rationnelle dans vos choix, vous orienterez vos dépenses de temps dans ce qui est vraiment important pour vous.

➡ **Si votre valeur est inférieure au montant de la carte cadeau :** vous avez conscience de ce qui est important. Attention à ne pas avoir des objectifs surréalistes au risque de perdre de l'énergie face à des buts inaccessibles, surtout si l'écart entre la valeur que vous attribuez à votre temps et la valeur que vous attribuez à la carte cadeau est important.

➡ **Si votre valeur est supérieure au montant de la tâche facile :** vous devez absolument déléguer les tâches où votre présence n'est pas une valeur ajoutée. Plus l'écart est grand, plus vous gaspillez votre valeur temporelle en faisant ces tâches.

➡ **Si votre valeur est inférieure au montant de la tâche facile :** en l'état, vous n'avez pas forcément d'intérêt à déléguer des tâches. Vous êtes en position d'autonomie face à vos projets actuels.

➡ **Si votre valeur est supérieure au montant de vos revenus :** vous êtes aligné avec qui vous êtes et ce à quoi vous aspirez. C'est une excellente nouvelle pour votre temps infini.

➡ **Si votre valeur est inférieure au montant de vos revenus :** cela signifie que vous n'êtes pas aligné. Rassurez-vous, quel que soit l'écart, ce n'est pas une catastrophe. En travaillant sur vos ambitions professionnelles mais aussi sur votre notion de satisfaction, vous pourrez rentrer en cohérence.

Votre temps a une valeur à chaque moment de la journée, même en dehors de votre activité professionnelle. Y aviez-vous déjà pensé ?

Connaître la valeur moyenne de son temps
va vous aider à prendre des décisions.

COMMENT DÉCIDER SANS PERDRE DE TEMPS ?

LE PRINCIPE DES FILTRES

Cette méthode des filtres m'a été inspirée par le « test de Socrate ». Il s'agit d'un test de vérité attribué à ce philosophe grec, inventeur de la philosophie morale et politique. Le récit du test place Socrate comme le personnage principal, mais nous ne saurons jamais si cette conversation a vraiment eu lieu… ce qui n'enlève rien au fond de cette histoire et à ce qu'elle a pu stimuler chez moi.

Au Ve siècle avant Jésus-Christ, dans la Grèce antique, Socrate était déjà renommé en tant qu'illustre philosophe doué d'une grande sagesse. Un jour, l'un de ses disciples vint le voir et lui demanda :

– Socrate, sais-tu ce que je viens d'apprendre à propos de Diogène ?

— Un instant, répondit Socrate, avant de me raconter cela, tu dois passer un test. Je l'appelle le test des trois filtres. Voyons ce que tu as à me dire. Le premier test est celui de la vérité : es-tu absolument certain que ce que tu vas me raconter est la vérité ?

— À vrai dire non, en fait, on me l'a raconté...

— Bien, dit Socrate, tu ne sais donc pas si cela est vrai ou faux. Passons maintenant au deuxième filtre, celui de la bonté. Est-ce que ce que tu vas me raconter à propos de Diogène est quelque chose de positif ?

— Non, bien au contraire.

— Soit, continua Socrate, tu t'apprêtes à me raconter au sujet de Diogène quelque chose qui pourrait être mauvais alors que tu ne sais même pas si c'est la vérité. Mais tu peux quand même passer le test grâce au troisième filtre. Est-ce que ce que tu vas me raconter va m'être utile par la suite ?

— Utile ? Non, pas vraiment.

— Bien, conclut Socrate. Si ce que tu veux me dire n'est ni vrai, ni bon, ni même vraiment utile, pourquoi vouloir me le dire et pourquoi devrais-je t'écouter ?

Au-delà de la sagesse de cette conversation, voyez l'intérêt d'avoir des filtres préétablis. Des filtres construits en amont, de manière réfléchie, vous permettront de prendre des décisions conscientes et rapides, en accord avec vos valeurs ou vos objectifs.

Être au clair avec vos valeurs vous aidera à faire des choix conscients plus rapidement.

Les filtres professionnels

Personnellement, je trouve le test de Socrate très inspirant pour modifier sa propre manière de décider. Il résonne en moi à la manière des *Accords toltèques*[1] (ce livre propose quatre principes de vie qui pourraient être considérés comme des filtres permanents).

J'ai décidé de créer plusieurs filtres que j'utilise comme un système d'entonnoir pour mes projets, mes objectifs du moment et mes envies. Ils se nomment *Rentabilité, Charge temporelle/Faisabilité, Développement de carrière* et *Fun et Passion*. Ces quatre filtres sont à mon sens universels, mais vous pourrez bien sûr en ajouter ou en supprimer en fonction de vos propres buts dans la vie.

En fonction des étapes de ma vie professionnelle, je les range dans un ordre différent, les uns au-dessus des autres. Chaque nouvelle décision, chaque idée, chaque projet est « versé » en haut et doit couler le plus bas possible pour être validé. S'il bloque sur l'un des deux derniers filtres, je commence à considérer l'idée en prenant du temps et de la réflexion. Mais s'il bloque sur l'un des deux premiers filtres, le projet est éliminé purement et simplement.

Voici un exemple concret. À un stade de ma vie où je devais absolument développer ma société pour pouvoir envisager des projets plus fun et plus conséquents, mes filtres étaient rangés comme ceci :

- Rentabilité
- Charge temporelle/Faisabilité
- Développement de carrière
- Fun et Passion

1. *Les Quatre Accords toltèques, la voie de la liberté personnelle*, Don Miguel Ruiz, Jouvence, « Poches », 2005.

Si le projet ou l'idée avait une rentabilité satisfaisante, alors je regardais le temps que ça me prendrait via un rétroplanning et quel pourcentage de chance le projet avait d'aboutir. Si ces deux filtres étaient satisfaisants, j'envisageais le projet même si les deux derniers filtres n'étaient pas pleinement satisfaisants.

Aujourd'hui, mes filtres sont les suivants :

- Fun et Passion
- Charge temporelle/Faisabilité
- Rentabilité
- Développement de carrière

En clair : si un projet me plaît et que la Charge temporelle/Faisabilité est correcte, alors je me lance sans trop me soucier de la rentabilité ou du développement de ma carrière. Il faut retenir que si je peux me permettre une telle séquence, c'est justement parce qu'au préalable, j'ai tenu coûte que coûte l'ordre précédent. C'est un parti pris qui m'appartient à l'instant *t* et qui évoluera de nouveau au fur et à mesure de ma vie, en fonction de mes besoins et de ce qui me rend heureux.

En passant vos décisions dans le tamis de vos filtres professionnels, vous aurez vos réponses instantanément, sans faire de suppositions inutiles.

Les filtres personnels

Ce qui marche pour créer du temps supplémentaire dans sa vie professionnelle fonctionne également dans sa vie personnelle. Vous pouvez créer des filtres universels (que vous utiliserez tout le temps) ou simplement en créer pour chaque décision un peu complexe à prendre.

Voici un exemple concret. Imaginons que vous ayez un choix à faire entre trois destinations de vacances qui vous plaisent mais qui n'ont rien à voir l'une avec l'autre. Vous pouvez établir vos filtres par priorité. Par exemple :

- Soleil et chaleur
- Dépaysement
- Possibilité d'être entre amis
- Lieux intéressants à visiter
- Activités locales
- Présence de wi-fi
- ...

En passant chaque destination au tamis de ces filtres, vous pourrez choisir celle qui a réussi à descendre le plus bas !

Quand vous avez du mal à faire un choix, les filtres personnels vous aident à retrouver de l'objectivité et à prendre la bonne décision

DIFFÉRENCIER LES PRIORITÉS ET LES URGENCES

L'année dernière, j'ai écrit deux livres, sorti ma méthode de mémorisation facile, produit plus de 150 vidéos sur ma chaîne YouTube et réalisé quelque 50 spectacles en tournée dont mon premier Olympia (en autoproduction qui plus est). J'ai également participé à une vingtaine d'émissions télévisées, créé une chasse au trésor nationale (avec dix véritables diamants à trouver), collaboré dans plusieurs projets, etc.

Je me considère donc légitimement comme multitâche, mais à bien y regarder, je l'ai toujours été. Nous le sommes tous. Inutile d'énumérer des actions ou des résultats impressionnants comme je viens de le faire. Nous avons tous des vies bien remplies par notre travail, nos obligations, nos envies, nos loisirs, notre vie professionnelle, etc. Caler un dîner avec vos amis ou faire réparer votre voiture n'ont rien à voir mais font partie de vos activités potentielles et sont importants.

Je me suis rendu compte de cette réalité en aidant des amis qui semblaient organisés mais qui déconsidéraient complètement ce qui n'était pas professionnel dans leur organisation. Cela ne veut pas dire qu'ils arrivaient à s'y soustraire, cela signifie au contraire qu'ils se faisaient constamment rattraper par leur vie personnelle au point de ne pas pouvoir être efficace dans ce qu'ils avaient prévu pour leur vie professionnelle... Quel dommage ! Et je ne parle même pas de la charge mentale qu'ils vivaient en permanence.

Dans le domaine artistique, j'ai vu des artistes très prometteurs qui ne trouvent pourtant jamais leur place en haut de l'affiche – sauf hasard anecdotique. Ils ne pourront pas la trouver tant qu'ils ne géreront pas leurs priorités efficacement. Et attention ! Je ne dis pas de privilégier un domaine ou un autre (pro, perso, développement personnel, etc.), je parle juste de porter dessus un regard objectif, de connaître sa propre grille de priorités et de s'organiser en fonction.

Un excellent moyen est de rentrer dans la matrice... Prenez la pilule rouge, Neo, et je vous emmène découvrir les rouages de la « matrice d'Eisenhower ».

Dwight Eisenhower fut le trente-quatrième président des États-Unis d'Amérique et peut-être le plus productif d'entre eux. Ses journées semblaient composées de quarante-huit heures. Une seule raison à cela : une matrice simple qui peut être griffonnée sur un coin de table à n'importe quel moment.

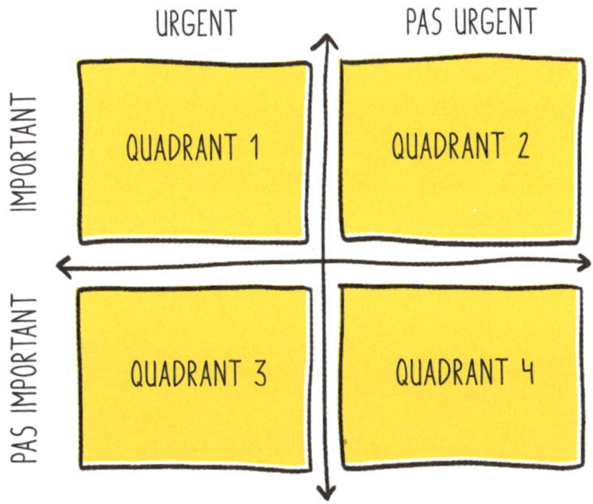

Reproduisez cette matrice.

C'est fait ? Vous allez maintenant ranger, c'est-à-dire écrire vos différentes tâches dans les quatre quadrants selon deux critères simples : l'importance et l'urgence. L'importance dépend bien sûr de vos propres filtres (voir « Les filtres professionnels » et « Les filtres personnels » plus haut dans le livre). L'urgence est conditionnée par les dates, les deadlines et les résultats souhaités.

Urgent et important

Les tâches rangées à cet endroit sont à faire immédiatement, sans délai. Peu importe votre organisation du moment : vous devez l'adapter et la modifier pour accueillir en priorité les tâches de ce quadrant. Ces tâches doivent être faites par vous-même car vous devez être certain du résultat final, vu l'importance de ces dernières.

Quelques exemples dans plusieurs domaines :

- un dossier à rendre prochainement ;
- un rendez-vous chez le médecin ;

- renouveler votre assurance santé ;
- répondre à des mails décisifs ;
- manger correctement aujourd'hui ;
- etc.

Avec un minimum d'anticipation, vous verrez que vous pourrez planifier la plupart de ces tâches, ce qui vous permettra d'en déplacer de plus en plus dans le quadrant suivant.

Important et pas urgent

Tout ce que vous écrirez ici est à planifier. La seule priorité que vous avez est de les anticiper en les programmant dans votre planning. Dans la majorité des cas, vous devrez aussi faire ces tâches vous-même ou être a minima le superviseur présent et actif de leur réalisation.

Quelques exemples dans plusieurs domaines :

- lire un livre ;
- faire du sport ;
- planifier sa semaine ;
- passer du temps avec ses amis ;
- faire un rétroplanning pour une nouvelle idée ;
- trouver une nouvelle idée pour un projet ;
- etc.

Comme vous vous en doutez, c'est le quadrant le plus important ! C'est celui qui génère votre bonheur, votre épanouissement personnel et votre réussite professionnelle. C'est en utilisant cette matrice que j'ai pu constater que je repoussais toujours tout ce qui était dedans ! Je ne vivais que dans la colonne de l'urgence, obnubilé par le temps qui m'oppressait en avançant continuellement. Le premier et le troisième quadrants prenaient toujours le dessus. Le constater est déjà un premier vrai déclic qui va vous permettre, en utilisant cette matrice, de corriger cela.

Pas important mais urgent

Malgré leur caractère urgent, ce sont des tâches qui peuvent attendre un tout petit peu... du moins le temps de les transférer à une autre personne ! Le degré d'importance étant faible, vous pouvez facilement les déléguer : alors faites-le. Vous devez déléguer *l'intégralité* des tâches qui se trouvent à cet endroit. Les réaliser vous-même vous fera perdre du temps au lieu d'en créer en plus sur de vraies tâches.

Quelques exemples dans plusieurs domaines :

- les divers appels téléphoniques ;
- la gestion de vos réseaux ;
- les services que l'on peut vous demander personnellement ou professionnellement ;
- l'organisation d'un déplacement ;
- votre envie de trouver des solutions pour un problème qui ne vous concernait pas... et devenir cette solution ;
- le traitement de la plupart des mails que vous recevez chaque jour ;
- etc.

Cette partie est terrible car c'est un miroir sur qui vous croyez être. Je l'ai vécu et le changement n'est pas toujours simple. En effet, lorsque l'on s'occupe des tâches du troisième quadrant, on a tout d'abord le sentiment de faire énormément de choses, d'avoir été productif. Dans les faits, je me souviens que j'étais occupé… à ne rien faire d'important !

Pourquoi se complaît-on dans ce quadrant ? Parce que les personnes qui vivent dedans semblent plus appréciées, elles paraissent serviables et sympathiques grâce à tous les services qu'elles rendent. Au final, les tâches que vous réalisez dedans sont souvent importantes pour les autres mais pas pour vous, au détriment de vos véritables buts.

Pas important et pas urgent

Alors attention… je ne sais pas si vous êtes prêt à lire cette révélation, mais Eisenhower était catégorique sur ce quadrant. Vous ne devez pas déléguer ces tâches. Vous ne devez pas non plus les faire vous-même. Vous devez simplement les jeter et les oublier. Si elles ne sont pas importantes et pas urgentes, alors elles n'ont pas lieu d'être : ce sont des tâches inutiles !

Quelques exemples dans plusieurs domaines :

- lire les réseaux sociaux ;
- regarder la télévision sans intention de regarder un programme spécifique ;
- aller faire les boutiques sans but d'achat prédéfini ;
- jouer à un jeu vidéo quand ça n'est pas sur son temps personnel (voir chapitre sur les différents temps) ;
- etc.

J'ai volontairement mis des exemples de vie personnelle pour revenir dessus. Je ne pense pas être aussi drastique qu'Eisenhower : je conserve ces tâches si (et seulement si !) elles m'apportent un vrai plaisir. Je les rentre alors dans mon temps personnel.

Me concernant, j'en réalise quelques-unes sur les moments de pause que j'ai choisis consciemment et à la condition *sine qua non* qu'elles m'apportent plus qu'un sentiment neutre (donc un sentiment final situé dans un spectre allant du plaisir au bonheur).

Votre but doit être de passer l'essentiel de votre temps sur le deuxième quadrant (important et non urgent), ce qui signifiera que vous êtes parfaitement aligné, avec une bonne organisation. Vous devrez donc réduire le temps passé sur tous les autres quadrants.

Cette matrice m'a été très utile et toutes les personnes à qui je l'ai fait découvrir s'en servent encore aujourd'hui.

COMMENT UTILISER LA MATRICE D'EISENHOWER ?

Dans un premier temps, utilisez-la pour faire le point sur une semaine type, puis sur une journée. Enfin, vous pourrez l'utiliser ponctuellement quand vous vous sentez un peu débordé ou envahi : un papier, un crayon, deux traits, et vous pouvez faire un arrêt sur image de votre vie pour reprendre le pouvoir sur votre rythme.

HIÉRARCHISER LES PRIORITÉS ENTRE ELLES

Imaginons que vous ayez listé vos véritables tâches à effectuer grâce à votre matrice. Il faut maintenant vous y mettre. Mais par quoi commencer ? Plusieurs tâches présentent parfois les mêmes caractéristiques d'importance...

Le hasard n'a jamais sa place dans la gestion intelligente de son temps. C'est encore une fois en stimulant votre imagination que vous allez trouver la solution. Cette astuce permet d'obtenir rapidement des réponses, qui sont parfois longues à trouver par la réflexion pure.

Imaginez que vous participiez à un jeu, la règle est la suivante : votre personnage ne peut faire qu'une seule tâche aujourd'hui. Une seule. Faites ce jeu d'imagination en restant bien concentré. Parmi vos tâches importantes, laquelle allez-vous privilégier ? Lire vos mails ? Cela m'étonnerait, personnellement je ne le ferais sûrement pas... Non, vous allez chercher instinctivement la tâche la plus importante pour vous aujourd'hui... alors faites-la, et uniquement celle-là... ne pensez à rien d'autre.

Une fois cette tâche réalisée, recommencez le processus en vous imaginant de nouveau que vous ne pouvez faire qu'une tâche parmi toutes celles qui vous restent à faire. Recommencez ce processus jusqu'à temps qu'une tâche se détache clairement du lot et qu'un ordre soit visible dans les tâches qui vous restent à accomplir.

Arrivera un moment où les tâches restantes seront équivalentes en termes d'importance. Vous aurez effectué tout ce qui était important et urgent. Toutes les tâches qui resteront ne seront qu'une suite de projets, d'améliorations, de corrections et de choses inhérentes au quotidien professionnel ou personnel.

Classez ces dernières tâches en leur attribuant une note de 1 à 3. Notez « 1 » les tâches les plus productives (avec une rentabilité forte, quelle qu'elle soit), classez « 2 » les plus productives mais dont le délai n'a pas tellement d'importance, classez « 3 » les autres (bien souvent des tests, des idées à explorer, des « ça serait bien de faire ça un jour »).

Vous pouvez maintenant résoudre les tâches que vous souhaitez, en ayant conscience de leur classement. Quoi qu'il arrive, essayez de résoudre un « 3 » régulièrement, les tâches de cette catégorie sont parfois le point de départ de nouvelles choses importantes ensuite...

Pour avoir un temps infini, il faut être capable d'identifier quelles sont les priorités. En attribuant des points à chaque tâche, vous pourrez organiser vos journées sans vous éparpiller.

FAIRE UN CHOIX BINAIRE SANS SE TROMPER

J'ai toujours eu une facilité à prendre des décisions franches et plutôt rapidement. Je crois que ça n'est pas un cadeau que mon ADN m'a fait. En effet, je n'ai pas été armé dès la naissance à être confronté à des choix difficiles à prendre... Alors, la première fois que ça m'est arrivé, ce fut très compliqué. Pour que vous puissiez mieux comprendre le mécanisme que je vais vous donner, je vous invite à naviguer dans mes souvenirs...

Le tableau factuel

À l'époque, fin 2005, je termine le montage de ma nouvelle société « ANNI BIRTHDAY ». Le concept est simple : faire des animations à domicile pour les anniversaires d'enfants, mais aussi organiser des chasses au trésor pour des regroupements de familles, ou encore des spectacles de Noël pour les sociétés (toujours à destination des enfants). Je venais de recevoir ma licence d'entrepreneur de spectacle (indispensable pour cette activité) qui allait aussi me permettre d'engager de jeunes artistes et de les former pour réaliser plusieurs prestations le même jour à des endroits différents. C'était un vrai défi en Charente-Maritime puisque ce genre de service n'était pas encore répandu et qu'il n'existait pas du tout dans cette région. Il fallait faire connaître l'activité en elle-même, puis convaincre le grand public de faire appel aux services de mon entreprise. Un gros défi que j'ai débuté avec l'équivalent de 350 euros (en prenant en compte l'inflation[1] en 2019).

Le même jour où je reçois la fameuse licence, mon téléphone sonne... Après une longue conversation, je raccroche abasourdi. On me propose la place de directeur dans un centre de loisirs avec une évolution possible à moyen terme pour la gestion de plusieurs centres dans le département et un salaire de cadre.

C'est la première fois que je me suis retrouvé incapable de faire un choix. J'avais 23 ans.

Mon cerveau, en qui j'avais jusqu'alors totalement confiance, m'a complètement lâché et je me suis retrouvé en équilibre sur un fil tendu entre peurs et espoirs. Quelle était la bonne décision à prendre ? J'ai eu le réflexe d'appeler tout mon répertoire de l'époque. Après m'avoir félicité pour ma société ou cette offre d'embauche, mes proches me conseillaient toujours sur la bonne décision à prendre... selon leur propre grille de lecture, leur propre bulle. Leur conseil était issu du prisme de leur vie et ne m'avançait guère.

J'ai donc cherché des méthodes de prise de décision pour la première fois de ma vie !

Celle qui a été la plus efficace et que j'ai gardée pour toujours est le tableau factuel. J'ai divisé une feuille en deux dans le sens de la hauteur et dans le sens de la largeur. La première colonne s'appelait Avantages, la deuxième Inconvénients. La première ligne s'appelait Anni Birthday, la deuxième Directeur de centre.

1. Source : www.insee.fr

	AVANTAGES	INCONVÉNIENTS
Choix 1		
Choix 2		

Durant les cinq jours qui ont suivi, j'ai rempli ce tableau le plus honnêtement possible, avec des éléments tangibles, quantifiables et le moins de spéculations possible. Le premier jour, j'ai beaucoup noté, au point qu'il a fallu que je refasse le tableau pour le rendre plus lisible. Les quatre jours suivants, je notais moins fréquemment mais à chaque fois qu'une idée ou qu'une considération factuelle me traversait l'esprit et pouvait rentrer dans le tableau, je l'écrivais. Au sixième jour, je me suis posé devant le tableau et je me suis imaginé en train de regarder la proposition d'un ami. Comme si ma vie n'était plus la mienne. En jouant ce jeu de rôle, je me suis complètement décentré comme si je devais conseiller quelqu'un dont je ne connais ni le quotidien, ni le passé. Avez-vous remarqué comme nous sommes toujours très forts pour donner un conseil sur des sujets qui ne nous concernent pas directement ? C'est en pensant à l'expression « les conseilleurs ne sont pas les payeurs » que j'ai imaginé me mettre dans la peau d'un conseilleur… mais qui aurait le plus de données réelles possibles et prétriées. Au bout de seulement une heure de lecture et de coups de surligneur vert (pour les éléments très positifs) et orange (pour les éléments moins forts), je savais exactement ce que je devais faire : continuer l'aventure de ma société.

NI AVANTAGE NI INCONVÉNIENT

Il y a des éléments qui ne sont ni des avantages ni des inconvénients. Ils sont justes factuels. Imaginons que vous ayez le choix entre deux postes. Le salaire, la distance depuis votre domicile, ou encore les perspectives d'évolution, sont des éléments

factuels à comparer. Seuls, ils ne présentent pas d'avantage ou d'inconvénient précis.
La technique consiste alors à noter dans la colonne Avantages la donnée à comparer, sur deux lignes (pour l'une et l'autre solution). Surlignez en vert celle qui est la plus positive des deux et surlignez en orange celle qui l'est moins.
Pour reprendre mon exemple, j'ai voulu comparer l'argument financier des deux postes. J'ai noté dans la colonne Avantages « salaire fixe de tant d'euros » sur la ligne Directeur de centre et « rémunération variable » sur la ligne Anni Birthday. J'ai surligné en vert « salaire fixe » et en orange « rémunération variable ».

C'est ainsi que j'ai pris la méthodologie préexistante du tableau en intégrant cette idée du jeu de rôle (encore l'imagination !). C'est devenu mon outil de référence dans tous les moments où je dois prendre des décisions compliquées dans ma vie. Non pas qu'elles soient compliquées parce qu'elles sont importantes, mais compliquées car je n'arrive pas à me positionner.

Vous pouvez bien sûr utiliser cet outil pour un choix non binaire, avec trois décisions possibles par exemple, en ajoutant une ligne pour le choix supplémentaire.

Le tableau factuel vous aide à avoir un point de vue factuel et décentré pour trancher un dilemme.

Ajouter un nouvel élément

La première méthode a merveilleusement fonctionné, me permettant de tenir tête aux contradicteurs de mes décisions sans aucun effort, jusqu'à cette année où une nouvelle difficulté, un cran encore au-dessus, se présenta à moi. Mon outil imparable, que je sortais au grand maximum une fois par an, ne me permit pas de m'en sortir, pour la première fois de ma vie...

Je ne peux pas vous donner tous les détails précis afin de préserver les personnes qui étaient impliquées, mais vous raconter le processus vous permettra d'appréhender l'intérêt de cet ultime outil.

J'avais imaginé auparavant devoir faire ce choix et il ne m'avait pas semblé si difficile à faire. Mais lorsqu'il se produisit dans la réalité, j'eus beaucoup de mal à prendre une décision. Deux groupes de personnes étaient impliqués et attendaient de moi une réponse franche et claire… ce dont j'étais bien incapable le jour venu, malgré mes outils habituels de prise de décision.

Qu'à cela ne tienne ! J'ai respecté ma précédente méthode en demandant un délai de six jours et j'ai imprimé un joli tableau qui n'allait plus quitter ma poche durant les quelques jours suivants…

Mais le sixième jour, il m'était impossible de prendre une décision. J'ai demandé vingt-quatre heures de délai supplémentaires. Et le matin venu, la situation n'avait pas avancé… Je me suis donc fait conseiller par des personnes qui n'étaient pas nécessairement plus habilitées à décider que moi, mais qui, au moins, allaient m'aider à le faire. C'est ainsi que j'ai choisi l'option 1… pour quelques heures seulement ! En effet, après avoir appelé les personnes de l'option 2, j'ai eu de gros doutes et j'ai demandé d'autres conseils à d'autres personnes, toujours aussi peu qualifiées pour choisir à ma place… Et j'ai fini par choisir l'option 2. J'ai donc dû rappeler les personnes de l'option 1 pour leur dire que j'avais finalement choisi l'option 2 !

Rien qu'en écrivant ces lignes, j'ai du mal à me reconnaître. Ce témoignage démontre que l'on n'est jamais infaillible, mais que l'important est la manière dont on va gérer ses difficultés.

Je fus donc droit, ancré dans ma dernière décision, mais pour la toute première fois de ma vie, le soulagement que me provoque habituellement la fin d'une prise de décision difficile tardait à venir. Impossible de comprendre les signaux de mon corps qui semblait se ratatiner. Je fus obligé d'annuler ma journée de travail pour me mettre littéralement au fond de mon lit, sous ma couette, à 15 heures de l'après-midi, à moitié habillé…

Vous n'imaginez pas comme cet aveu de faiblesse est douloureux pour moi. Mais je suis allé si loin dans la difficulté de faire un choix que j'ai dû trouver comment m'en sortir d'une nouvelle manière. Et si je vous partage ce détail, c'est que je suis quasiment certain d'avoir maintenant une méthodologie pour prendre une décision sur un choix binaire, dans n'importe quel cas. Alors, je me dois de la partager avec vous.

Retournons donc sous ma couette, en pleine journée, à moitié habillé. Céline H. rentre et ne comprend pas comment je peux être dans un tel état. Non pas que la situation ne mérite pas tant d'égard de ma part mais parce qu'elle aussi a l'habitude de me voir trancher vite dans les choix que j'ai à faire, franchement et sans regret. J'avais pris une décision, après en avoir changé le matin même, et je ne me sentais pas mieux : au contraire. Après une nouvelle nuit où le sommeil semblait avoir posé un congé sans solde, je me suis réveillé avec une nouvelle idée en tête : il me faut de nouveau du temps. Quand un ordinateur a un problème ou un bug, on le remet à sa dernière sauvegarde… Alors, j'allais faire pareil : me remettre au précédent point d'équilibre, là où j'étais encore capable de marcher et de travailler… juste avant la prise de décision qui a provoqué mon bug. J'ai contacté toutes les personnes concernées pour leur faire part de mon mouvement en arrière et de mon besoin d'obtenir un délai supplémentaire…

Immédiatement après, tout en me disant que tout le monde devait me trouver insupportable, je commençais enfin à retrouver un souffle.

Une semaine a passé… Et rien n'avait changé. J'étais en équilibre parfait entre les deux choix et je crois que j'aurais pu faire durer ce moment éternellement.

J'ai quand même repris mon tableau. Les personnes de l'option 2 et de l'option 1 avaient fait de gros efforts dans leurs avantages respectifs et me proposaient d'en faire encore plus pour m'aider à basculer. Mais j'ai tout refusé, l'idée n'était certainement pas de faire grimper les enchères du tableau Avantages et Inconvénients puisque, jusqu'à maintenant, cela ne m'avait pas aidé.

Après réflexion, j'en vins à la conclusion suivante : il n'y avait pas de mauvais choix. Il m'a fallu tout ce temps pour le comprendre, le réaliser, le vérifier. Puisqu'il n'y avait pas de « mauvais choix », j'allais enfin pouvoir analyser ce qui n'allait pas chez moi. Et c'est un soir dans mon lit que la révélation m'est venue.

Dans le passé, les personnes des deux options avaient formé une seule et même entité, avec qui j'avais travaillé. Par la suite, les deux groupes s'étaient séparés pour deux projets différents et concurrents. Ce même soir, j'analysais la situation pour la schématiser au plus simple, pour qu'elle devienne quasi géométrique. Voici la lecture que j'en eus.

J'étais tel un enfant ayant grandi chez ses deux parents, qui doit un jour choisir d'habiter chez son père ou chez sa mère après leur séparation. Les parents ne s'étaient pas fâchés. La mère proposait maintenant de vivre dans sa nouvelle maison, expliquant à quel point son domicile était sécurisant, avec une grande chambre. De l'autre côté, le père restait dans la maison que l'enfant avait toujours connue et montrait à quel point il allait faire des efforts pour refaire toute la décoration à son goût si besoin. Dans le fond, même si le père n'avait pas toujours été parfait à 100 %, il n'avait pas non plus maltraité l'enfant. En même temps, l'enfant avait un lien fort avec sa mère, mais il ne connaissait la nouvelle maison que sur photo.

C'est vraiment cette métaphore simple mais ô combien réelle qui m'a permis d'y voir plus clair. Le côté basique de cette métaphore m'a aidé à comprendre pourquoi je restais figé entre les deux options. Alors, je suis revenu aux fondamentaux : *Les Quatre Accords toltèques*.

Ce livre m'a accompagné depuis des dizaines d'années avec quatre concepts simples qui forment d'ailleurs le règlement de ma société :

- Toujours avoir une parole impeccable.
- Ne pas faire de supposition.
- Ne pas en faire une affaire personnelle.
- Toujours faire de son mieux.

J'allais passer les deux options au crible des accords toltèques ! Juger les deux groupes sur le premier accord, puis sur le deuxième en cas d'ex æquo, etc.

Qui, dans ma métaphore, ne respectait pas les quatre accords toltèques ? En tout cas, qui respectait le moins ces quatre phrases, en commençant par la première. Qui avait préféré souffler sur mes peurs plutôt que sur mes espoirs ? Et là, la réponse était plus que claire. Le choix restait difficile mais j'avais un point de différenciation sur quelque chose en adéquation avec mon vrai moi.

C'est donc avec des angoisses naturelles pour le futur – et non plus des angoisses envahissantes et terrassantes – que j'ai choisi l'option qui avait toujours eu une parole impeccable envers l'autre option et qui n'en avait jamais fait une affaire personnelle.

Afin de satisfaire votre curiosité, sachez que l'autre option a évidemment pris ma décision comme un affront, me reprochant ensuite un peu d'avoir joué double jeu. Même si les émotions que je ressentais n'étaient pas très agréables, je n'éprouvais pas de regret ou de culpabilité. Signe que j'étais enfin aligné entre mon analyse rationnelle et mon ressenti émotionnel.

L'alignement final est essentiel. En effet, si je me rends compte par la suite que je n'ai finalement pas fait le meilleur choix, je n'éprouverai pas de remords pour autant, car je saurais pourquoi j'avais fait ce choix.

Vivre tout cela m'a fait comprendre deux choses :

- Nous ne sommes jamais à l'abri d'être bloqué sur une décision.
- Il n'existe pas de choix n'ayant pas une grille de lecture pour l'analyser.

Si d'aventure vous vous retrouviez face à un choix extrêmement difficile à gérer, où la grille factuelle ne suffit plus, retenez ces étapes :

Si vous ne vous sentez pas bien émotionnellement et physiquement dans la prise de décision, faites un pas en arrière, au précédent point d'équilibre où vous arriviez à gérer.

Visualisez si, à ce stade, il y a un risque de prendre une mauvaise décision ou si les deux restent de bonnes décisions.

Schématisez la problématique pour comprendre d'où vient la difficulté, psychanalysez votre problème, transformez-les en métaphore simple et déterminez les véritables causes qui vous empêchent de choisir.

Trouvez un élément extérieur qui respecte vos valeurs pour faire entrer de nouveaux critères à analyser dans l'équation, afin de faire basculer la balance d'un côté.

Vérifiez si votre décision permet d'aligner votre analyse rationnelle et votre ressenti émotionnel.

COMMENT RESPECTER VOTRE TEMPS ?

Votre temps ne peut être infini que si vous en prenez soin. Rappelez-vous que le temps réel est associé à de l'énergie : votre énergie. Prendre soin de votre temps, c'est par définition prendre aussi soin de vous. Voici quelques fondamentaux pour respecter votre temps.

SÉPAREZ FERMEMENT VOS DIFFÉRENTS TEMPS

Regardez par ma fenêtre... Je viens juste de finir de travailler et je m'apprête à rentrer chez moi. Je range mon poste de travail, prends un bristol et écris les petites choses qui me sont venues à l'esprit pour demain. Je vérifie rapidement que la vaisselle du bureau est faite, que j'ai de quoi me faire un café demain. Je mets de l'eau dans la bouilloire que j'enclenche pour pouvoir commencer ma matinée en bon geek d'un « Alexa, allume la bouilloire » quand je reviendrai. J'enfile mes vêtements, j'enclenche l'alarme, balance un « Alexa, éteins les lumières » et je ferme la porte.

Il est 19 heures. Je rentre chez moi, je vais pouvoir préparer le repas de ce soir avec une recette que j'ai choisie la veille, pendant que je faisais le précédent dîner.

En rentrant chez moi, mon chien Vanille et mon chat Tamalo m'accueillent. Je retrouve Céline H. à l'horizontale dans le canapé, en train d'écrire son roman. Je sais que nous allons nous raconter nos journées, nos réussites, nos problèmes, nos idées. J'adore ce moment. Il peut durer des heures. Il nous arrive d'écrire une nouvelle vidéo pour sa chaîne YouTube comme ça, dans les axes principaux, en une heure. On cherche seulement à se faire rire, à partir d'une blague qui nous est venue.

C'est le début d'une soirée où tout est possible. On va peut-être jouer, peut-être regarder un film, peut-être juste parler, peut-être sortir le chien ensemble, peut-être lire, je n'en sais rien… Et quand elle me demandera ce que j'ai envie de faire, je vais pouvoir répondre un agaçant « comme tu veux ». Cette phrase peut gentiment énerver mais je le pense sincèrement, car à cet instant, j'ai déjà tout ce que je veux. Je me mets à la cuisine avec mes rituels précis en mettant de la musique ou la fin de la série que je regardais la veille, si jamais Céline H. est occupée de son côté. C'est du temps personnel (relire « Le temps personnel ») et je compte bien en profiter jusqu'à ce que le sommeil me gagne…

Lorsque l'on pense efficacité de sa gestion du temps – ou simplement productivité –, on peut vite considérer que le temps personnel est du temps perdu. Vous savez ce qu'est le temps perdu ? C'est être sur son ordinateur en train de travailler le soir chez soi. C'est frotter sur de la vaisselle parce qu'on ne l'a pas mise à tremper. C'est ranger une maison qui n'aurait pas dû être dérangée. C'est courir après les minutes pour finir une tâche professionnelle ou ménagère que l'on doit finir urgemment, car on a mal anticipé ou trop repoussé.

Le temps perdu, c'est mélanger plusieurs types de temps.

REPOUSSER N'EST PAS PROCRASTINER…

Chez moi, je n'ai plus d'ordinateur depuis fin 2016. Pour le travaillomane que je suis, c'était une angoisse, un cap à passer. Mais comme je venais de prendre des bureaux à moins de 30 secondes de chez moi, je voulais réussir à franchir ce cap. Je me suis alors rassuré en me disant : « Si vraiment il y a une urgence, je peux filer au bureau, il n'est pas loin. » J'écris ces lignes en 2019 et les seules fois où je suis revenu au bureau, c'était pour aller chercher quelque chose que j'avais oublié. Toutes les incroyables urgences que je détectais avant ont toujours pu attendre le lendemain… Mais si j'avais eu mon ordinateur à portée de main, j'aurais sûrement pris « juste 5 minutes » pendant… une demi-heure… à chaque sollicitation… avec la fausse croyance de prendre en plus de l'avance pour le lendemain.

Quand vous êtes au travail, vous ne prenez pas le temps de parler avec vos amis. L'inverse doit être vrai également. Séparez fermement vos temps en apprenant à repousser ce qui n'appartient pas au temps que vous êtes en train de vivre.

L'hyperconnectivité nous a fait croire que nous devions toujours être disponibles, mais ne vous auto-piégez pas. Chérissez votre temps personnel pour profiter de vous, de votre compagnon de vie, de votre famille, de vos amis. L'organisation que j'ai pu mettre dans toute ma vie était faite pour être plus efficace au niveau professionnel, mais aussi pour profiter pleinement des moments simples de ma vie personnelle. L'autonomie et la liberté, toujours… Nous y reviendrons.

Il n'est pas rare que mon téléphone soit en mode avion également. Il se peut que je n'aie pas envie de parler au téléphone ou par SMS de toute la soirée (ou seulement pendant quelques heures). Pour ne pas sentir la culpabilité de ne pas répondre à un ami, ou subir la pression d'un appel professionnel « important », je préfère le couper complètement. Ce que j'ignore ne peut pas me porter préjudice et l'information n'existera qu'au moment où je le déciderai : quand j'enlèverai le mode avion. Le seul vrai préjudice ? Je dois télécharger mes musiques, des jeux jouables hors ligne et les vidéos que je veux voir hors connexion, sur mon téléphone. On a vu pire comme désagréments...

Choyez votre temps personnel et augmentez sa durée en maîtrisant les autres types de temps.

RESPECTEZ VOTRE RYTHME

Au-delà du contenu qui compose votre temps, vous devez prendre conscience du rythme de celui-ci. Comme une mélodie, votre temps ne peut pas être lent en permanence ou au contraire soutenu sans arrêt.

Des pauses qui reposent

S'il y a bien quelque chose que j'avais du mal à faire, c'était prendre des pauses. Un véritable enfer car, même si mon corps me la réclamait, je luttais toujours contre un remord. Je me jugeais faible d'en avoir besoin avant même de la prendre. Curieux de nature et n'étant pas le seul dans ce cas, je me suis mis à observer les autres quand j'ai travaillé dans un restaurant, à mes 18 ans.

Dès qu'un collègue parlait de prendre une pause sans le faire, je le voyais ralentir, être moins productif, moins joyeux... jusqu'à ce qu'il prenne un vrai break. Le résultat était que sa pause durait toujours le même temps, mais le temps qui la précédait avait été jusqu'à deux fois moins bien utilisé qu'habituellement ! J'ai pu constater la même chose en travaillant sur mes projets artistiques et entrepreneuriaux. Je perdais du temps à ne pas m'arrêter et je l'ai compris concrètement à cause d'une valise...

Pour mon premier spectacle, *Mots de Tête*, je devais préparer une valise incluant mon matériel, mon costume de scène, mon nécessaire de toilette, mes vêtements de rechange et mes effets personnels (livres, ordinateur, chargeurs, etc.). Comme j'avais optimisé le rangement de toutes mes affaires, je mettais en moyenne 7 minutes à faire ma valise (de 5 minutes en me dépêchant à 10 minutes en prenant le temps de discuter en même temps).

Un soir où je ne voulais pas m'arrêter de travailler car il me restait ma valise à préparer, j'ai passé une heure à... ne pas la faire. Une heure où je ne faisais pas grand-chose, où je commençais mais sans continuer, où j'étais en plein dans le cinquième type de temps : le temps perdu. Je me suis tellement agacé de me voir comme ça que je suis parti me coucher en mettant mon réveil 20 minutes plus tôt afin de faire la valise avant de prendre mon train. Au réveil, j'ai mis moins de 5 minutes à la faire ! Je ne comprenais même pas comment je pouvais mettre plus de temps habituellement ! Alors, penser que j'avais perdu une heure complète la veille pour au final ne pas la faire... ça n'était pas logique.

C'est là que j'ai *vraiment* pris conscience de l'importance de faire des pauses assumées. Lorsque vous commencez à tuer le temps, à faire la planche sur la surface du cinquième type de temps, n'attendez pas de couler dedans ! Décidez de manière assumée de prendre une pause. Profitez-en pour faire quelque chose que vous aimez, qui vous repose le corps ou l'esprit, et qui vous fait du bien. Lorsque vous décidez consciemment de vous arrêter, que ce soit pour 5 minutes, pour une heure ou même pour une demi-journée, vous vous libérez du sentiment de culpabilité qui vous habite d'avoir été en dehors de l'activité que vous aviez prévue (sûrement pour un temps beaucoup trop long). Vous ne faites que changer de catégorie de temps de manière voulue et décidée, pour mieux y revenir ensuite. Alors ne « glandez » plus : faites de vraies pauses.

Repousser une pause nécessaire diminue l'efficacité du temps qui la précède. Écoutez votre rythme et organisez vos pauses pour être toujours en pleine possession de vos capacités.

LES DIFFÉRENTS RYTHMES

La concentration se perd par cycle, c'est pour cela que vous devez imaginer un rythme de pause correspondant à votre propre productivité. Voici une grille dont vous pouvez vous inspirer :

- Pour des tâches physiques : une pause de 15 minutes toutes les deux heures.
- Pour des tâches créatives : une pause de 5 minutes toutes les heures.
- Pour des tâches d'apprentissage cérébral : une pause de 5 minutes toutes les 20 minutes (pour respecter le fonctionnement de votre mémoire et l'optimiser).
- Pour des tâches standards (ne demandant pas une concentration accrue) : une pause de 10 minutes toutes les deux heures.

Comment éviter le syndrome du médecin

Un piège quotidien vous attend dans toutes les tranches de votre journée, je l'appelle « le syndrome du médecin » car c'est un premier débordement de tâche qui va s'additionner à un autre, puis à un autre, pour créer un monstrueux retard dans votre journée. Avec des tâches que vous n'aurez pas « touchées » du tout. Résultat : vous allez reporter ces mêmes tâches sur les autres jours… mais comme elles sont moins urgentes et que vous allez répéter ce processus, vous n'avancez jamais dessus.

C'est le syndrome du médecin qui se retrouve à 15 heures à avoir deux heures de retard dans ses consultations. La différence entre lui et nous, c'est qu'il gère des urgences parfois vitales et que son diagnostic ne peut être bâclé.

Vous devez respecter les temps impartis dans les moments de votre journée. Même si la tâche est agréable ou stimulante.

Ou au contraire, si elle est plus compliquée que ce que vous pensiez ou désagréable (comme faire sa comptabilité professionnelle ou personnelle).

Le plus simple lorsque vous êtes seul est de programmer un réveil pour la fin de la tâche. Il y a aussi des applications gratuites ou payantes, qui fonctionnent hors connexion et qui font très bien ce job (faites une recherche avec des mots-clés comme « focus », « to do », « timer » dans le store de votre smartphone). Vous pouvez programmer plusieurs tâches avec des timings définis et laisser l'application fonctionner. Elle vous préviendra lorsqu'une fin de tâche arrive et que vous devez changer d'activité.

Vous vous demandez peut-être quoi faire si le temps consacré n'est pas suffisant pour terminer ? Vous devez immédiatement recréer un moment pour terminer cette tâche dans votre agenda, le lendemain ou plus tard, suivant l'importance et l'urgence de la tâche.

C'est aussi simple que cela, mais l'aviez-vous déjà appliqué ? Le jour où j'ai développé et testé cette méthode (j'imagine évidemment ne pas être le seul à y avoir pensé), ça a changé mon rapport aux choses. Plus de culpabilité de ne pas terminer une tâche car j'avais finalement terminé quelque chose : j'avais consacré mon énergie à cette tâche pendant tout le temps que j'avais prévu pour le faire. Mathématiquement, 1 vaut mieux 0 : ce qui est fait est toujours ça de gagné ! Le fait que la tâche ne soit pas terminée n'était plus un échec mais une information que je devais gérer en prévoyant un nouveau moment pour elle dans mon planning. Très simple mais également très puissant.

Respectez les timings que vous vous êtes donnés. Ne voyez pas une tâche inachevée comme un échec mais comme une double réussite : vous avez avancé sur cette tâche et vous avez passé le temps que vous aviez prévu ce jour-là pour cette tâche.

UN TEMPS IMAGINAIRE INFINI

Voici comment ne pas perdre votre temps nouvellement créé à faire des petites tâches supplémentaires que vous ne pouviez pas faire avant. Différent du temps réel, il existe une réserve de temps personnel dans tous les recoins de vos journées. Une véritable corne d'abondance où se cache un endroit rempli de temps imaginaire : votre esprit.

Le temps que vous passez dans les embouteillages, les transports en commun, sous votre douche, à attendre avant un rendez-vous, dans une salle d'attente, devant la casserole qui doit chauffer 15 minutes en remuant, derrière cette gentille mamie qui n'avance pas à la caisse, à sortir votre chien le soir, et évidemment... aux toilettes ! Ces moments plus ou moins longs sont de parfaits moments de visualisation. Nous avons tous du mal à prendre des moments précis et définis pour visualiser des idées alors qu'il y a des temps déjà existants permettant cette saine activité.

Je parle bien de la notion de visualiser pour aller plus loin que « réfléchir ». Réfléchir est nécessaire, mais nous ne sommes pas toujours maîtres de notre réflexion pleine de biais cognitifs. Votre esprit est à la fois une machine à rêves et une machine qui connaît parfaitement toutes les règles du réel.

Laissez-moi vous raconter une anecdote pour vous démontrer la puissance de votre cerveau...

Adolescent, des années avant que je passe mon PAC (le premier brevet de parachutisme), j'ai rêvé de mon premier saut. Pas un rêve prémonitoire bien sûr, un simple rêve sûrement lié à un désir que je n'avais pas encore identifié chez moi. J'ai donc vu l'avion, les étapes, le saut, les sensations, le temps de chute, la vision de ma ville natale vue du ciel, etc.

Des années plus tard, lors de mon premier saut, j'ai constaté avec amusement que tout ce que j'avais ressenti dans mon rêve était réel ! Le plus étonnant : le temps de chute libre et la vision que j'avais de La Rochelle du ciel étaient également identiques à mon rêve.

L'explication rationnelle est simple. Notre cerveau est avant tout un organe de calcul surpuissant dans lequel sont intégrées toutes les règles de la physique, toutes les expériences que nous avons vécues, etc. Notre cerveau « connaît » la réalité et il peut donc prendre en compte tous les facteurs pour pressentir précisément un résultat. Un exemple simple du quotidien est que l'on ne puisse pas se chatouiller nous-même. Le cervelet anticipe la sensation qu'il va ressentir en prenant en compte qu'elle vient de nous-même, il n'y a donc pas grande nécessité d'avoir l'information et il provoque une atténuation sensorielle de ce que nous aurions dû ressentir... puisqu'il connaissait à l'avance la réalité.

Nous n'avons pas la compétence de manier ce pouvoir mental volontairement, même si nous pouvons l'améliorer grandement jusqu'à une visualisation en 3D[1]. Certaines personnes ont néanmoins un accès privilégié à la visualisation complète comme Nikola Tesla qui testait ses inventions... dans sa tête ! Ayant conscience que son esprit connaissait toutes les règles de la physique et ses implications, il connaissait alors directement le résultat.

Visualiser dans vos moments perdus va vous permettre de projeter une réflexion accélérée pour découvrir les pièges, les pistes de réflexion, l'efficacité de vos tâches, faire des brainstormings créatifs, accéder à de nouvelles idées, etc. Point essentiel : ayez toujours de quoi noter sur vous. N'ayez *jamais* l'arrogance de croire qu'une bonne idée vous reviendra. Elle est issue d'une suite de réflexions associatives et de différentes stimulations, vous ne la retrouverez que rarement.

1. J'ai expliqué la méthode il y a quelques années dans mon livre *Votre cerveau est extraordinaire*, éditions First, 2017.

Dans le concret, que pouvez-vous visualiser ? Voici une liste non exhaustive pour vous stimuler, extrapolez-la pour découvrir ce que vous pouvez visualiser dans votre monde :

- ce que vous allez dire dans une réunion ;
- un rendez-vous important ;
- les étapes d'un projet que vous voulez lancer ;
- la réussite d'une tâche que vous avez entamée ;
- les options farfelues d'une tâche créative que vous devez faire, sans savoir encore quelles pistes vous devez suivre ;
- les vacances que vous souhaitez passer ;
- la maison ou l'appartement où vous aimeriez vivre ;
- votre quotidien avec un achat que vous hésitez à faire ;
- une journée ou une semaine dense (ou compliquée) qui va venir et que vous ne savez pas encore comment gérer...

Comme vous le constatez, il n'y a pas de limite. Lorsque vous visualisez, laissez-vous aller comme si c'était un jeu... d'ailleurs, c'en est un ! Jouez à imaginer des choses comme lorsque vous étiez enfant, imaginez les implications, imaginez ce que vous ressentez, imaginez la réaction potentielle des gens autour de vous, voyez les pièges qui se dressent et cherchez des solutions. Ensuite, visualisez encore en mettant en place ces solutions. Notez bien sûr ce qui est important. Vous avez tellement de « temps à tuer » dans vos journées normales que visualiser va vite devenir un réflexe pour vous occuper... En plus d'utiliser intelligemment du temps, ce qui va en ressortir vous fera – encore – gagner du temps ! On se rapproche du concept de temps infini...

Comme toujours, je ne sors pas ce conseil de mon chapeau magique. Je l'ai d'abord éprouvé puis enseigné autour de moi avec des résultats plus que significatifs et des retours toujours positifs. Pour vous faire sourire, dites-vous que dès que je dois écrire un numéro de mentalisme pour une occasion spéciale (radio, télé, etc.), je l'imagine sur mes trajets en taxi-moto. Assis derrière Taieb, conducteur aussi doué qu'intelligent, je me mets en visualisation et il le sait. Il ne me parle plus du trajet.

Alors, j'imagine l'endroit où je serai, je visualise le public, je m'imagine arriver et leurs réactions, puis je me laisse aller à tester des idées de numéros. Plus ou moins intéressants, plus ou moins adaptés, plus ou moins rythmés, jusqu'à ce que je découvre quelque chose de vraiment pertinent. À un moment donné, une émotion de « C'est ça ! C'est la bonne piste » se fait sentir. Mon esprit sait pourquoi, mais je n'ai pas encore conscience de tout, donc je continue à visualiser en creusant sur cette piste, et au fur et à mesure, tout se met en place. Le plus incroyable reste pour les textes : quand j'écris des blagues sur une feuille, je ne sais pas si le public va rire ou non. Mais quand je me visualise sur le lieu et que je visualise le public, la réponse est claire et sans appel. Je vois tout de suite la qualité du texte et la réaction des personnes dans la salle. Je pense qu'à force de jouer et de parler en public, mon esprit a quantifié des choses, des rythmes, des ruptures humoristiques, des tournures de phrases, que je n'ai même pas conscientisés.

La visualisation permet d'anticiper et de créer pour toutes les situations. Utilisez tous les temps d'attente de votre journée où votre esprit est disponible pour faire de la visualisation.

CÉLÉBREZ VOS VICTOIRES

Respecter son temps passe aussi par la conscience de ses victoires. Je ne crois plus aux grandes victoires ni aux gros objectifs depuis longtemps… Je crois en une alternative bien plus puissante, plus stimulante et plus efficace.

Nouveau retour dans le passé. Nous sommes en 2006 et je prends connaissance du concours des Cannes d'Or, dans la ville de Cannes : un concours national de magie de scène et de close-up. À cette époque je pratique la magie de manière professionnelle, dans le sens où cette activité me fait vivre, mais je n'ai aucune idée de mon niveau. Enfin, si... j'ai une piètre opinion de mon niveau. Je travaille à cette époque majoritairement en close-up, c'est-à-dire proche du public, et je ne suis pas un excellent manipulateur. Je compense avec de la créativité et des techniques de mentalisme. Mais qu'est-ce qu'un jury de professionnels reconnus dans le milieu en penserait ? Je décide de sortir de ma zone de confort et de m'inscrire : j'aurai tout à gagner à rencontrer d'autres pro et à apprendre d'eux. Pour cela, je dois réunir des fonds afin de payer le voyage, l'hébergement, la nourriture, mon matériel, etc. Je travaille plus pour économiser. Je commence aussi à créer mon set de concours. Cette préparation de fond occupe l'essentiel de mon temps et de mon esprit.

Le jour J, à Cannes, je rencontre toute la team qui, comme moi, participe au concours. Nous avons déjà le bonheur d'avoir passé les sélections. Winfried – l'organisateur – est d'une grande bienveillance avec nous ; il est lui-même magicien passionné et professionnel avec une longue carrière derrière lui. Dans la journée, tout le monde se met à faire des tours aux autres, c'est quelque chose de nouveau pour moi qui ai peu fréquenté d'autres artistes. Je les regarde mais je me sens bien faible face à leurs connaissances en prestidigitation (la mienne étant plus portée sur le mental) et à leur épatante agilité digitale. Vient enfin l'heure du concours où nous passons de table en table face au jury, pour faire nos tours à un vrai public, en conditions de travail réelles.

À l'heure des résultats, j'ai déjà fait mon pronostic. Je n'ai pas vu les autres en prestation mais je les ai vus dans la journée et je suis loin d'être dans mon propre classement. Ayant encore de l'énergie, je prends la décision de rentrer à La Rochelle durant la nuit, quitte à prendre un hôtel sur la route si je fatigue – chaque kilomètre fait dans la foulée serait un kilomètre de moins à faire au réveil. N'oublions pas que 1 vaut mieux que 0... Mais je veux quand même connaître le nom des lauréats et les applaudir. Je m'installe donc au fond de la salle de spectacle, collé contre la porte de sortie, mon manteau déjà enfilé et prêt à partir.

Suspens oblige, on commence par l'annonce du troisième lauréat... puis du deuxième... évidemment, mon nom n'est pas cité et je ne l'espère même pas... et enfin, du premier... j'entends alors que l'on m'appelle ! Complètement sonné, j'ai le réflexe d'enlever mon manteau et je monte comme zombifié sur scène pour prendre mon trophée et les dotations. Des photos, une ou deux interviews il me semble, je remercie vivement Winfried, son équipe et la troupe de candidats que nous étions. Puis m'en tiens au plan initial en prenant la route.

Quelle victoire incroyable ! Six mois à m'occuper l'esprit et je suis allé au plus haut de ce que je n'espérais même pas.

Les jours suivants ont été un fabuleux... cauchemar ! Une sorte de « victory blues », où se mélangeaient le manque de nouveaux objectifs et la nostalgie de l'instant passé. Je crois aujourd'hui que j'ai complètement gâché ces moments à cause de mon mauvais positionnement émotionnel.

Dès lors, je n'ai plus célébré les grosses victoires, j'ai arrêté complètement de visualiser les « buts ultimes » qui laissent place à un vide immense lorsqu'ils sont passés. J'applique au contraire ce que j'appelle aujourd'hui « les cadeaux ». Je célèbre toutes mes petites victoires. C'est avant tout un état d'esprit, que vous allez pouvoir facilement adopter.

La première chose à faire est de découper à l'extrême ce que vous avez à faire. Vous le faites déjà mais appréciez-vous chaque accomplissement ? Car c'est cette approche qu'il faut avoir. J'en suis au point que lorsque je raye une tâche après l'avoir accomplie, je ressens une véritable satisfaction. Et quand, au moment de partir du bureau, toutes les tâches du jour sont faites, j'éprouve, c'est vrai, une certaine fierté et je m'en félicite.

J'ai assuré le contrat que j'avais avec moi-même et c'est génial. Je ne considère rien comme étant banal ! Quand une vidéo de ma chaîne fait son quota de vues, je prends le temps de l'apprécier, sans attendre qu'elle en fasse nécessairement 1 million. Pourquoi courir après des réussites extrêmes si c'est pour dévaloriser nos dizaines de réussites quotidiennes ?

Le moment le plus fort que j'ai pu vivre lors de mon premier Olympia seul sur scène, en septembre 2018, n'a pas été le moment où je suis sorti de scène... mais bien avant, le moment où, accompagné de Karine – sans qui cette date n'aurait jamais été imaginée –, j'ai signé le contrat de location pour l'autoproduire. Et après le spectacle ? Je suis allé décharger les véhicules pour ramener et ranger le matériel : c'était ça, ma victoire du soir.

Ne négligez aucune réussite, félicitez-vous et vous changerez votre rapport au monde. Tout prendra du sens et votre confiance sera boostée. Cette mentalité est une récompense également pour toutes vos ressources personnelles qui se mobilisent sans se plaindre chaque jour pour mille et une petites actions.

Dans certains cas, je m'offre également un cadeau. Mais pas au moment de la réalisation, au contraire. Je m'offre un cadeau au moment où le travail le plus éprouvant a été accompli, et si j'ai respecté ma deadline personnelle. Je vais vous donner un autre exemple.

C'était à l'écriture de *Votre cerveau est extraordinaire*. Je mets en place le principe de l'écriture intensive avec la méthode NaNoWriMo : faire un premier jet de 50 000 mots en 30 jours, le retoucher durant 30 jours, puis une deuxième fois pendant 15 jours, pour enfin le rendre à mon éditrice et commencer les retouches, les changements, les corrections et la mise en page (j'en parle plus longuement dans la deuxième partie, « Comment perdre ses excuses »).

Depuis longtemps, je voulais m'acheter un drone pour mes vidéos et je me suis promis de me l'offrir si je rendais le feuillet à la date que je m'étais fixé. Je n'ai pas attendu cinq mois après la publication du livre, ou le jour merveilleux où j'ai appris que 100 000 exemplaires étaient lus... Le jour où j'ai écrit le dernier mot de la retouche personnelle, nous étions à Lyon, en spectacle avec mon régisseur, et nous avons foncé dans une boutique pour acheter un drone que j'ai essayé le soir même dans ma chambre d'hôtel... ce qui était d'ailleurs une très mauvaise idée pour les rideaux de la chambre !

Motivez-vous par un cadeau (matériel ou immatériel). En vous l'offrant à ce moment charnière où s'achève votre plus grosse charge de travail, vous recevez une récompense vraiment méritée, qui a du sens, qui multipliera votre émotion positive et qui décuplera votre force pour les semaines suivantes.

À noter que tout ce concept ne s'applique pas uniquement à votre vie professionnelle, loin de là. Dans votre vie personnelle aussi, célébrez chaque petite victoire et offrez-vous quelque chose que vous méritez à des moments clés. C'est essentiel.

> Ne soyez pas aveuglé émotionnellement par les « grands objectifs », savourez chaque tâche réalisée, chaque moment où vous respectez vos engagements personnels. Célébrez les moments où vous avez accompli une tâche lourde plutôt qu'une énorme réussite (qui ne dépend pas toujours de vous).

COMMENT AVOIR L'ESPRIT DU TEMPS ?

Maintenant que les fondations sont posées, vous pouvez commencer à découvrir la philosophie du temps. Inspirez-vous de toutes ces méthodes. À chaque fois que vous en appliquerez une, vous vous rapprocherez de votre rêve : avoir du temps à l'infini.

LES MANTRAS

« Avoir un but », « avoir des objectifs », « savoir où on va ». J'ai longtemps cru que c'était réellement le plus important et j'étais conforté dans cette idée par mes différentes lectures sur le sujet. Je vais sûrement être le premier à écrire l'inverse mais sachez que mon expérience m'a prouvé l'efficacité de ce qui va suivre, pour moi comme pour les autres.

Avant d'avoir mes mantras, j'avais des buts et des objectifs. Comment avais-je décidé en pleine conscience quels seraient ces buts ? Je ne le sais pas. Le savez-vous pour vos propres buts ? Avoir ces objectifs non rationalisés me provoquait trois choses :

- Des angoisses : vais-je y arriver ? Est-ce que j'ai choisi le bon but ? Serai-je à la hauteur ?

- De l'attente : émotionnellement, c'est terrible quand j'y repense. J'étais en permanence en train d'attendre que quelque chose arrive, sans savoir si cela allait vraiment arriver, mais surtout, sans savoir si ce qui en découlerait me remplirait de satisfaction… Exactement le genre de choses qui vous empêche d'être pleinement heureux dans l'instant présent.

- De la claustrophobie : j'ai un profil monomaniaque. Si je décide quelque chose, j'ai beaucoup de mal à changer d'avis, ça m'est désagréable. Je peux écouter le même album de musique en boucle pendant des mois. Je peux manger dans le même restaurant sept fois par semaine, racheter éternellement la même paire de baskets, etc. Je le sais et je l'assume. Je n'ai pas décidé d'être de la sorte. Mais la conséquence directe est qu'il m'est très difficile d'être flexible sur mes objectifs. Pourtant, il est parfois nécessaire de les adapter… voire de les changer radicalement. Pourquoi ? Parce que l'on comprend objectivement qu'on ne va pas les atteindre, parce que l'on change, ou encore, parce que de nouvelles idées et envies nous semblent plus pertinentes.

J'ai pu analyser cela très tôt, aux alentours de mes 17 ans. Et c'est précisément lors de mon année de 1re que j'ai compris quelle était la clé de voûte : les idées pures. Si vous arrivez à trouver l'expression la plus simple, la plus pure, de vos buts de vie, alors vous saurez toujours quelle direction prendre ! Sans même avoir besoin de dizaines d'objectifs secondaires à viser en permanence. Sans avoir besoin d'une réelle stratégie à long terme puisque le parcours va se flécher de lui-même automatiquement. Sans avoir besoin de réfléchir des jours et des jours sur les directions à prendre.

Comment obtenir ce ou ces mots ? Très simplement bien sûr. Vous n'obtiendrez peut-être qu'un mot, peut-être plus. Mais si vous avez plus de trois mots, il y a de fortes chances qu'un mot encore plus pur et plus simple regroupe plusieurs d'entre eux.

La première étape consiste à faire la liste de vos objectifs actuels sur une feuille, puis d'y ajouter vos buts tels que « avoir un meilleur emploi » ou « accrocher tel ou tel client ». Lisez ensuite tout cela pour vous en imprégner un maximum puis ajoutez vos « buts ultimes ».

Les buts ultimes s'apparentent un peu à des rêves. Ils peuvent être financiers, comme « je veux gagner au loto » ou « je veux toucher 10 000 euros par mois ». Ils peuvent être plus flous, comme « je veux être heureux » ou « je veux du temps libre ». Ils peuvent être précis comme « je veux être célèbre », « je veux une belle voiture », « je veux faire deux voyages par an », « je veux devenir propriétaire », etc. Il n'y a pas de limites, vous pouvez faire cet exercice sur plusieurs jours. Vous allez prendre le temps qu'il vous faut pour trouver ce qui vous guide et vous motive inconsciemment.

Pour la première fois sûrement, vous allez rendre tout cela réel en le listant sur un papier. Les pensées n'existent qu'une fois qu'elles sont transmises clairement et expulsées de notre esprit, à l'écrit ou à l'oral. Il en va de même pour nos buts, nos objectifs et nos rêves.

La seconde et dernière étape, plus longue, mais ô combien précieuse, consiste à passer l'ensemble au tamis. Vous devez obtenir entre un et trois mots génériques : l'essence de ce qui vous motive chaque jour.

C'est un travail quasi philosophique : extraire l'essence de vos buts. Quelles sont les notions communes à l'ensemble de vos buts ? Pour les trouver, vous devez les regrouper en plusieurs fois. Cherchez d'abord des notions qui regroupent plusieurs de vos buts, vous obtiendrez donc une deuxième liste plus courte. Cherchez de nouveau des notions qui permettent de rassembler plusieurs éléments de cette liste pour aboutir à une nouvelle liste encore plus courte… Et répétez ce processus jusqu'à garder moins de cinq notions. Pour terminer, cherchez un ou deux mots qui traduisent ensemble le bénéfice principal apporté par les quelques notions qui restaient.

EXEMPLE DE CHEMINEMENT POUR TROUVER SES PROPRES MANTRAS

Liste de buts et d'objectifs

Passer mon permis de conduire
Organiser un week-end entre amis
Partir au Mexique en vacances
Avoir un meilleur salaire
Cuisiner plus sainement
Faire du sport
Faire de la méditation
Créer des chansons très écoutées par le public

Ajout de buts ultimes

Voir mes amis quand je veux
Découvrir le monde
Avoir une rente à vie sans travailler
Être un chanteur très célèbre

Premières notions de synthèse

Ne pas manquer d'argent
Ne pas subir de contrainte de travail
Prendre soin de moi
Être aimé par le plus grand nombre
Être entouré
Découvrir ce que je ne connais pas

Deuxièmes notions de synthèse

Pouvoir aimer et être aimé

Expérimenter le monde
Expérimenter qui je suis
M'aimer
Ne pas avoir de contraintes liées au matériel

Troisièmes notions de synthèse

Vivre dans l'amour
Être indépendant matériellement
Expérimenter le monde et mon monde

Mantras de synthèse

AMOUR
INDÉPENDANCE
EXPÉRIENCE

Mantras finaux

AMOUR
LIBERTÉ

En faisant cet exercice pour moi, j'étais arrivé aux termes « sécurité financière », « épanouissement personnel constant », « sentiment d'accomplissement », « stabilité », et quelques autres termes que j'ai oubliés… J'étais encore loin du concept de purification du but, et après des jours de réflexion, j'ai abouti à des termes simples : AUTONOMIE et LIBERTÉ.

Des concepts basiques mais très puissants qui englobent les trois pages de buts, d'objectifs et de « buts ultimes » que j'avais noircies. Comme je le disais dans l'introduction, ces deux mots sont aujourd'hui mes mantras. Quand je les ai trouvés et compris, j'étais certain que ces deux buts purs ne changeraient jamais dans ma vie, ils font partie de moi. Ils peuvent s'exprimer très différemment au cours de mon existence, mais ils seront toujours présents ! Je ne suis pas allé jusqu'à les tatouer sur ma peau… mais j'avoue que ça m'a traversé l'esprit.

En plus de m'aider à me comprendre et à y voir plus clair que je ne l'aurais jamais espéré, ces deux mantras m'aiguillent en permanence pour prendre des décisions quand j'hésite, quand je ne suis pas sûr, que je dois changer de direction et sortir de ma zone de confort. Je peux me poser ces deux questions :

- Est-ce que cela tendra à me rendre plus libre ?

- Est-ce que cela m'aidera à devenir plus autonome ?

Si les deux réponses à ces questions sont oui, alors je fonce ! Car j'ai la certitude de nourrir les deux grands buts de ma vie. Peu importe les virages que ça engendre, peu importe les domaines – personnels ou professionnels –, ces deux mots sont devenus mes boussoles, ils sont ma définition du bonheur.

L'exemple ci-dessus en encart reste la meilleure manière de vous montrer le processus sans alourdir votre lecture, mais je ne saurais trop insister sur le fait que vous devez, vous aussi, faire la démarche personnellement, pour trouver vos propres mots et savoir précisément ce qui fait que vous marchez vers toujours plus de bonheur. Car au final, c'est bien de ça dont il s'agit : vous allez rentrer dans une honnêteté totale et sonder les mots simples qu'il y a derrière vos buts et vos objectifs.

Et pourquoi cela vous fera-t-il gagner du temps ? Car à chaque décision que vous devrez prendre, chaque objectif que vous devrez mettre en place, des plus légers aux plus sensibles, vous ne passerez plus des minutes, des heures, voire des jours, à peser les tenants et les aboutissants de chaque opportunité. Vous les passerez simplement à travers le prisme de vos mantras en vous demandant si cela contribue à renforcer ces mots dans votre vie.

Connaître vos mantras et conduire votre vie dans ces directions vous permettront d'être heureux, simplement. Vivre heureux, c'est l'assurance de vivre dans un temps infini…

QU'EST-CE QUI EST MIEUX QUE ZÉRO ?

Je vous ai parlé de mes mots-clés, mes mantras. Ils sont comme les deux aiguilles de ma boussole de vie et s'appellent *autonomie* et *liberté*. Mais ils n'influent pas directement sur ma motivation, mon envie et mes peurs. Pour ça, j'utilise une autre phrase qui a une histoire.

Nous sommes quelques années en arrière, fin 2012. Je passe une de ces nombreuses soirées parisiennes avec un ami mentaliste, Julien Losa. Nous débattons sur des sujets, théorisons sur tout et n'importe quoi, le whisky pour lui et la bière pour moi. Plus la nuit avance, moins nous avons abordé le travail que nous devions faire, mais les conversations sont passionnantes. À l'époque, je crois me souvenir que j'hésite à faire quelque chose ou que je dénigre quelque chose que j'ai fait pour la communication de mon spectacle. La seule certitude que j'ai est d'avoir dit à Julien : « Ça ne servira à rien, il n'y aura aucun impact. » Et Julien a répondu : « 1 vaut mieux que 0. »

« 1 vaut mieux que 0. »

Cette phrase que vous avez déjà lue dans ce livre fut un sésame pour moi tellement elle était pleine de vérité. Je me suis même demandé si l'univers n'avait pas mis Julien sur ma route uniquement pour ce moment (et pour parler durant des heures en buvant des bières évidemment !). Dès lors, cette phrase commence littéralement à me hanter, je la retourne dans tous les sens et rien n'y fait : elle est *vraie*.

- Il vaut mieux faire 5 pompes par jour que 0.
- Il vaut mieux avoir 100 abonnés sur YouTube que 0.
- Il vaut mieux poser 5 affiches pour mon spectacle que 0.

- Il vaut mieux que j'apprenne quelques mots d'une langue que 0.
- Il vaut mieux que je fasse quelques lignes de compta quand je n'en ai pas envie que 0.
- Il vaut mieux que j'écrive seulement 10 minutes aujourd'hui que 0.
- Il vaut mieux que je m'organise un peu que pas du tout.
- Il vaut mieux que j'économise 1 euro par mois que 0.
- Il vaut mieux que je lise 1 livre par an que 0.
- Il vaut mieux que je passe 15 minutes sur cette tâche que 0.
- Etc.

J'ai décliné le concept à l'infini et le mouvement qui a rythmé ma vie (que je croyais déjà intense) s'est démultiplié. Cette phrase a fait sauter tous mes verrous :

- « Est-ce que ça sera vraiment utile que je fasse ceci ? Oui ! 1 vaut mieux que 0… »
- « Mais si telle chose ne fonctionne pas, ça sera nul ? Non ! 1 vaut mieux que 0… »
- « Je dois faire ça aujourd'hui mais je n'ai pas le temps ou pas l'envie, je ne vais quand même pas m'y mettre 5 minutes pour arrêter après ? Si ! 1 vaut mieux que 0… »

La mécanique s'est si bien mise en marche que je répète cette phrase à tout le monde dans toutes les occasions !

Le travail ne paie pas toujours mais la masse de travail paie toujours un minimum

C'est cet état d'esprit qui m'a amené en 2016 à faire un défi fou. Alors que je ne savais pas monter de vidéos, que j'étais affreusement timide devant une caméra, que je n'avais déjà plus de temps dans mes journées... J'ai décidé de relever publiquement le défi suivant : créer une chaîne YouTube et publier une vidéo par jour pendant un an autour du mentalisme. 366 jours, comme me l'a fait remarquer l'humoriste Vérino, qui, depuis des semaines, me poussait à me lancer comme lui l'avait fait avec succès auparavant.

Au lieu de me demander « Est-ce qu'il y aura des vues ? », « Est-ce que les gens vont s'abonner ? », « Est-ce que la vidéo que je suis en train d'écrire est vraiment aussi aboutie que ce que je pourrais faire ? », je me suis juste rappelé que – oui, je vais encore le dire... – 1 vaut mieux que 0 !

366 jours après, le 31 décembre à 17 heures, je publiais ma dernière vidéo du défi avec 250 000 abonnés sur ma chaîne et des dizaines de millions de vues cumulées.

À partir de là, j'ai compris quelque chose de plus : « Le travail ne paie pas toujours mais la masse de travail paie toujours un minimum. » C'est devenu ma deuxième phrase importante pour me motiver et faire sauter mes peurs.

N'oubliez jamais :

- 1 vaut mieux que 0.
- Le travail ne paie pas toujours mais la masse de travail paie toujours un minimum.

Une dernière anecdote. Je parle souvent de mes théories avec Julien et quand je lui ai reparlé du « 1 vaut mieux que 0 », il ne se souvenait pas du tout m'avoir dit ça ! Il était même persuadé de ne jamais avoir entendu cette phrase. Magique...

Ne préjugez jamais de la qualité de ce que vous allez faire ou des retombées. Partez simplement du principe que ça sera toujours plus que de n'avoir rien fait.

LES GROS PROJETS

Difficile d'appréhender la mise en mouvement d'un gros projet, qu'il soit personnel ou professionnel. Tout aussi difficile de tenir sous la masse de travail et de pression que cela demande. Mais vous pouvez hacher les énormes projets s'ils demandent un travail linéaire très long. Pour cela, imposez-vous une période de trente jours où vous allez chaque jour effectuer un trentième de cette tâche quotidiennement. Attention : chaque jour, vous aurez une excellente excuse pour ne pas le faire. Vous serez peut-être malade, fatigué, sous pression, quelqu'un aura besoin de vous, une journée sera particulièrement chargée, etc. C'est pour cette même raison que vos gros projets non essentiels ne voient jamais le jour.

En découpant le projet en trente morceaux, vous injectez dans votre vie une tâche récurrente qui n'existait pas, elle s'additionne. Vous penserez peut-être que vous pouvez vous dispenser de la faire un jour, un seul petit jour... Mais cela ne dépend que de vous !

Passez un pacte avec vous-même : il n'y aura pas de « trous » sur ces trente jours. Visualisez le plaisir d'avoir tenu cet objectif à la fin, visualisez toute la matière que vous aurez réussi à créer en trente jours et appréciez à l'avance toutes les nouvelles compétences que vous aurez acquises. Parlez-en à votre entourage ! Qu'ils le sachent et vous soutiennent au fil des semaines quand vous aurez des doutes. La fin de ces périodes est toujours merveilleuse au regard de ce que vous aurez créé, de votre confiance en vous, de vos nouvelles compétences. Vous l'aurez *fait*.

D'après vous, est-ce un hasard que je me sois imposé, en plus de tout ce que je faisais déjà, l'idée saugrenue de faire une vidéo par jour pendant un an ?

Pour ne pas subir un projet trop lourd, découpez-le et injectez dans votre agenda un moment quotidien pour vous y consacrer. Vous ne ressentirez pas de charge mentale supplémentaire et aboutirez plus en douceur à votre résultat final.

SOYEZ LE VENT

« Il ne faut pas être *dans* le vent… Il faut *être* le vent. »

Cette phrase, j'ai l'impression de la connaître depuis toujours. Elle résonne différemment selon le prisme avec lequel on la regarde.

Comme si je devais la relayer dans ce livre, c'est mon ami Philippe qui me l'a rappelée il y a quelques jours en me parlant du photographe et réalisateur Jean-Marie Poiré. J'ai pourtant eu l'impression de l'avoir pensé moi-même un jour… C'est parfois le cas pour les vérités que l'on redécouvre plusieurs fois dans sa vie.

Bien loin de l'interprétation possible de cette phrase d'« être à la mode », j'y vois un concentré de motivation, de non-jalousie, d'autonomie et de liberté.

Si vous décidez d'être le vent, vous prenez la meilleure décision de votre vie. Vous décidez de ne plus rien attendre de personne, de ne pas compter sur la chance (ce qui n'empêche pas de s'en saisir lorsqu'elle apparaît), de ne pas dépendre d'autres personnes.

Si votre carrière dépend des gens que vous allez rencontrer et de ce qu'ils pourraient faire pour vous... Si votre bonheur personnel dépend des autres... Si vos projets dépendent de ce que d'autres personnes peuvent faire pour vous... Alors, vous suivez le sens du vent.

Être son propre vent, c'est pouvoir changer de direction quand on le souhaite, c'est s'affranchir des facteurs extérieurs sur lesquels on ne peut avoir d'emprise, c'est admettre également qu'il n'est pas grave d'avoir soufflé au mauvais endroit pendant un certain temps. Pour pouvoir devenir son propre vent et ne plus perdre de temps, il faut percer une bulle et sortir d'une zone...

Suivez votre propre courant en essayant de ne pas dépendre des autres d'un point de vue personnel ou professionnel. Autonomie... et donc, liberté !

La bulle

Lorsque je fais une recherche sur Internet, les publicités qui s'affichent viennent piocher dans les cookies de mon ordinateur pour m'offrir le contenu le plus adapté à mon profil. Mes recherches sur les moteurs sont parasitées par les anciennes recherches que j'ai pu faire (a minima, car il y a bien d'autres facteurs pour une personnalisation maximale des publicités). Les films que je veux regarder sur les sites de streaming sont triés automatiquement pour me plaire. Je pourrais remplir des pages entières de cette vie numérique qui organise tout pour que je sois bien à l'aise dans ma bulle.

Pourtant, bien avant l'arrivée massive de ces algorithmes, vous avez aussi construit une bulle autour de vous qui correspondait déjà pleinement à qui vous êtes. Prenez comme exemple une de vos convictions sur un sujet délicat (qu'il soit social, politique, religieux, d'actualité, etc.). La majorité des personnes qui vous entourent – dans votre vie personnelle – sera du même avis que vous, et ce, même si les sondages sont très majoritairement contre vous ! Alors, est-ce la terre entière qui est contre vous ? Non, évidemment.

Nous construisons nos relations sociales en cohérence avec nos valeurs, nos convictions, nos goûts, notre pensée. Il est donc logique que nous ayons majoritairement les mêmes avis que les personnes que nous connaissons. C'est raisonnable et confortable. Mais vous ne pourrez pas être votre vent puisque vous suivez déjà tous le même souffle sur lequel navigue votre groupe. Pour garder cette métaphore, imaginez que vous avez tous soufflé dans une direction et que ce vent soit devenu si autonome que vous le laissez vous transporter sans vous demander où il vous emmène.

Lorsque j'ai voulu lancer mes vidéos sur Internet, les personnes de mon entourage pro m'ont déconseillé de le faire. Les arguments étaient que je n'étais pas fait pour ça, que ça ne me correspondait pas, que je n'avais pas le temps (et que j'allais en perdre), que j'allais gaspiller l'énergie qui aurait pu être mise sur des projets plus importants, que j'allais me ridiculiser...

Jusqu'ici, je pense sincèrement qu'ils avaient raison au regard de leur propre grille de lecture et des objectifs qu'ils mettaient, eux, dans le fait de faire des vidéos. Alors, je suis sorti de ma bulle pour le faire, seul. Dans les premiers mois, j'ai croisé un collègue artiste. Il venait de remporter un certain succès, et en le croisant dans les couloirs du Cirque d'Hiver, il m'a dit : « Bah alors, tu fais plus rien, toi, maintenant, mon pauvre ! » Plus rien... Selon lui ! Nous étions en juin 2016, j'avais sorti 180 vidéos en six mois et fait une trentaine de spectacles en tournée... Mais là où il avait raison, c'est que je ne faisais plus rien de visible dans notre bulle commune, puisque je ne jouais plus à Paris et que je ne faisais plus que de rares apparitions à la télévision. Pour lui, je n'étais plus dans le vent. Pour moi, j'étais au top de ma vie !

Fin 2016, je signe mon premier livre avec une maison d'édition qui croit au projet, en le pitchant simplement, sans avoir écrit la moindre ligne. À l'époque, ma chaîne n'était pas aussi développée qu'aujourd'hui puisque j'avais 30 000 personnes qui me suivaient sur Internet (contre 400 000 lorsque le livre est sorti). De nouveau, une personne de mon entourage pro a voulu me dissuader de passer du temps dessus car pour elle, je ne pourrais pas être crédible et le retour sur investissement serait nécessairement décevant (en termes d'impact et de finances). Une autre personne, qui avait déjà publié un livre, m'a incité à faire un petit bouquin en autoproduction que j'aurais pu vendre moi-même après mes spectacles, ou alors, de ne rien publier du tout. Encore une fois, ils avaient tous les deux complètement raison… dans les convictions de notre bulle commune. Et c'est pourquoi j'ai quand même signé et commencé à écrire. Selon eux, je perdais du temps et j'allais vers une déception personnelle et financière… Selon moi, je gravissais la première marche en tant qu'auteur, qu'importe le résultat des ventes.

Aujourd'hui, les deux personnes qui me recommandaient de ne pas faire ou qui étaient simplement dubitatives, recommandent aux autres de faire précisément ce que j'ai fait… Ils ont changé la direction de certaines de leurs convictions et ont par là même rejoint ma bulle.

Si vous voulez être le vent, vous ne pouvez plus vous fier à l'opinion majoritaire de votre entourage. Vous devrez assumer vos échecs et les « je te l'avais bien dit », mais vous récolterez aussi de nombreuses réussites dont vous vous seriez privé en restant dans votre bulle commune…

N'oubliez pas que les conseils de votre entourage sont donnés dans les croyances qui forment votre bulle commune. N'hésitez pas à en sortir pour observer votre monde différemment.

La zone de confort

Si je mentionne la zone de confort ici, c'est plutôt pour son importance que pour sa nouveauté. La zone de confort représente votre entourage, ce que vous savez faire, où vous habitez, etc. C'est la cartographie de *votre* monde. En sortir représente un bond dans l'inconnu avec toutes les angoisses et peurs que cela engendre naturellement. Mais à chaque fois que vous sortez de votre zone de confort et si vous n'allez pas trop loin de votre propre frontière, vous évoluez et apprenez. Jusqu'au moment où ce que vous appeliez « l'inconnu » devienne également une zone de confort qui va se connecter aux frontières de votre zone de confort initiale.

Vous avez fait cela naturellement toute votre vie. Mais plus nous agrandissons notre pays personnel en vieillissant, plus nous avons peur de tenter un nouveau saut dans l'inconnu, même petit. Nous stabilisons notre territoire, même pour des choses anodines.

Prenons un exemple qui ne demande pas beaucoup d'engagement de votre part. Imaginons que vous ne soyez jamais allé à l'opéra de votre vie... Accepteriez-vous le défi d'y aller dans les quinze prochains jours ? Ne me dites pas que vous n'aimez pas l'opéra : vous avez admis ne jamais y être allé... Vous n'aimez peut-être pas ce que vous croyez savoir de l'opéra, mais quel risque prenez-vous en sortant de votre zone de confort ? Vous ennuyer ? La belle affaire ! Même si vous vous ennuyez, vous aurez gagné une nouvelle compétence : pouvoir tenir une conversation nourrie de souvenirs et d'expérience sur un spectacle à l'opéra. Je suis certain que ces éléments vous serviront ensuite au moins une fois dans votre vie. Et votre zone de confort sera élargie car vous serez désormais en terrain connu, vous aurez appris les codes basiques de l'opéra, d'avant le spectacle à après le spectacle.

Imaginez tout ce que vous pouvez acquérir dans votre vie personnelle ou professionnelle simplement en acceptant de sortir de votre zone de confort...

Vous avez maintenant tous les ingrédients pour... être le vent !

En multipliant les expériences personnelles et professionnelles dans des domaines qui vous sont inconnus, vous développez vos compétences, votre flexibilité, votre savoir. C'est aussi en piochant dans ces nouvelles ressources que vous trouverez des réponses aux problèmes qui vous ralentissent.

Devenez « pas le time »

Connaissez-vous l'expression courante franglaise « il/elle n'a pas le time » ? C'est une expression pour parler de personnes qui vont vite et prennent le chemin le plus court. On l'emploie dans un grand nombre de domaines. Vous devez devenir une personne qui n'a « pas le time »... Je vais vous expliquer pourquoi.

> Attention, je distingue les deux expressions suivantes :
>
> - « Ne pas avoir le temps » fait référence à un problème d'organisation que vous allez régler en lisant ce livre.
> - « Pas le time » est une énergie à acquérir, que vous allez décider d'être. Vous allez renvoyer cette image aux autres et vous serez cette énergie.

Être « pas le time », c'est avoir une conscience précise du temps qui passe. C'est sortir des pièges permanents sans se poser de questions. C'est au final avoir une quantité de temps supérieure à tout le monde... car vous « n'avez pas le temps » d'en perdre.

- J'ai « pas le time » pour parler des heures au téléphone quand je suis occupé. Donc, à la question « Je te dérange ? », je réponds « Non, sinon je n'aurais pas décroché. Dis-moi ».
- J'ai « pas le time » pour en perdre. Donc si quelque chose prend un temps inutile, je passe à autre chose ou je fais en sorte de le réduire.
- J'ai « pas le time » pour ne pas aller au bout de mes projets. Donc si je veux me lancer dans quelque chose professionnellement ou personnellement, je vais m'y mettre à fond, du jour au lendemain, avec la régularité et la durabilité comme objectifs.

- J'ai « pas le time » pour les choses négatives. Donc je gère les émotions et les situations problématiques au plus vite, franchement.

- J'ai « pas le time » d'être de mauvaise humeur. Donc quand je sens cette émotion monter, je me rappelle pourquoi je suis si heureux et pourquoi j'ai une belle vie.

- J'ai « pas le time » de repousser quelque chose d'urgent. Donc si quelque chose d'urgent à faire ne me fait pas du tout envie, j'arrête toutes mes autres activités pour me débarrasser de celle-ci immédiatement.

Cette liste est loin d'être exhaustive mais vous avez perçu la substance de cette philosophie : n'ayez pas le time pour les ralentissements inutiles... donc tous...

Ne perdez de temps à vivre des choses ou des émotions qui vous dérangent. Il est de votre responsabilité de changer les choses ou votre humeur lorsque cela est nécessaire.

UN RAPIDE VOYAGE DANS VOTRE FUTUR

Quand j'ai commencé à faire du sport, à courir, j'ai découvert plusieurs phases : le plaisir de la nouveauté et le sentiment d'accomplissement. Plus tard est venue la contrainte. Puis ce fut le retour triomphal du plaisir naturel et quotidien.

J'ai retrouvé ces trois étapes dans tout ce que j'ai entrepris sérieusement dans ma vie. La bonne nouvelle, c'est que ce processus nous est commun à toutes et à tous. Lorsque vous allez appliquer les principes distillés dans ce livre, vous allez être sincèrement transporté, au point que vous allez en parler à tout le monde et essayer de leur transmettre les conseils que vous appliquez vous-même. C'est une belle période, à vivre pleinement, où vous allez enfin découvrir tout le potentiel du temps infini.

Profitez-en au maximum, abusez-en, mettez en place beaucoup plus que de raison jusqu'à être enivré de ça. Vous y penserez tout le temps et vous organiserez même toute votre vie en fonction. Je vous conseille vraiment de plonger tête baissée dedans car, que vous décidiez d'être modéré ou pas, le prochain sentiment pointera le bout de son nez dans les sept à dix jours qui suivent...

Ce nouveau sentiment, c'est la terrible envie de tout laisser vivre comme avant... Le fameux « pourquoi ». Pourquoi je fais tout ça ? Pourquoi je m'inflige quelque chose qui ne m'est pas naturel ? Vous allez même trouver d'excellentes excuses pour arrêter ou des compensations dans le but de ne pas subir de dissonance cognitive. C'est à ce moment-là que vous allez réellement prendre la décision de changer, d'optimiser votre organisation et de créer du temps supplémentaire dans vos journées.

Je vous recommande d'écrire dès aujourd'hui une lettre à votre moi du futur, celui qui veut déjà abandonner. Prenez une feuille ou une page de votre Bullet Journal (voir plus loin à la section « Le Bullet Journal ») et écrivez cette lettre en vous inspirant de celle ci-contre :

« Cher moi du futur,

Je suis en train de visualiser ce que je vais mettre en place pour avoir du temps infini et pouvoir le manipuler comme je le souhaite.

Je prends la décision aujourd'hui de changer en mettant toutes les astuces du livre qui me sont utiles en place. Il est important de me rappeler que cette décision est prise avant que "toi", le "moi du futur", ne lise ces lignes, car j'ai pris cette décision avant et de manière définitive.

Je vais donc te demander de nous respecter, toi et moi, et d'y mettre du tien pour t'y tenir et ne plus chercher d'excuses. Repense au plaisir que nous avons eu ces derniers jours où nous découvrions le pouvoir de cette organisation et de ces nouvelles habitudes.

Je te promets que nous ferons bientôt tout cela de manière quasiment automatique et sans souffrance.

Nous sommes en train, au moment où j'ai pris cette décision, de gagner des années entières dans notre vie : je compte les garder et en profiter.

En avant, cher moi du futur ! »

Signez la lettre et gardez-la à portée de main. Quand l'énergie de l'abandon viendra essayer de prendre le dessus, vous pourrez la lire et admettre que la décision n'appartient pas au « vous » du présent, mais qu'elle a bien déjà été prise par le « vous » du passé.

Décidez à l'avance de continuer quand vous aurez une baisse de motivation.

ORGANISEZ VOTRE TEMPS SELON VOS (VRAIS) DÉSIRS

Il est essentiel de comprendre pourquoi vous voulez organiser votre temps et comment le faire. Nous allons découvrir la nécessité et la méthode d'une organisation sur le moyen terme. Négliger cette étape reviendrait à prendre la route dans une voiture qui n'a pas passé le contrôle technique et sans connaître la destination. Dans les faits, vous avancerez... mais sans sécurité ni savoir dans quelle direction !

LES PUISSANTES BASES DE VOTRE ORGANISATION

Pour vous organiser chaque jour, vous aurez besoin d'outils de planification fiables et adaptés à vos besoins. Il y a deux piliers dont vous ne pourrez pas vous passer si vous voulez rendre efficace tout ce qu'il y a dans ce livre : l'agenda et les listes.

L'AGENDA

L'agenda est le premier de ces deux piliers. Vous souhaitez voir le mien ? C'est un agenda en ligne, tout simplement celui de mon compte Apple. Est-ce la bonne solution ? Oui, pour moi en tous cas...

Car vous avez trois solutions qui s'offrent à vous pour organiser vos journées, chacune a des avantages et des inconvénients qui dépendent de votre sensibilité. Ne négligez pas ce choix, ne le faites pas à la légère : votre agenda est une sorte de baguette magique d'organisation et d'efficacité. Alors poussez la porte de chez Ollivander (en référence au vendeur de baguettes dans *Harry Potter*) et laissez-vous guider, n'oubliez pas que c'est la baguette qui choisit son sorcier !

Vous arrivez dans une vieille boutique remplie de livres... et tout autant de poussière. Malgré un début de conjonctivite allergique qui vous brûle les yeux, vous distinguez un vieil homme dans le fond de la pièce. Vous pourriez pourtant jurer qu'il n'y avait personne la seconde d'avant...

« Ah, vous êtes là ? Restez derrière le comptoir, je vais vous trouver votre outil de planification... Qu'est-ce qui pourrait vous correspondre ? Un cadran solaire à vapeur ? Évidemment que non... Mais peut-être que celui-là... »

Le vieil homme disparaît derrière des étagères dont l'analyse des couches de poussière nous donnerait la date d'ouverture de la boutique. Les rayonnages semblent s'enfoncer dans la boutique à l'infini et le son lourd d'un tic-tac provient de partout à la fois. L'homme revient avec un agenda en papier, très moderne, comportant une page par jour et des pages mensuelles.

*« Alors... peut-être est-ce cela que vous cherchez. Un agenda traditionnel. Le premier avantage de ces versions papier est le sort d'*Automatico Sauvegardum *: vous ne pouvez pas perdre de données par erreur ou à cause d'un bug informatique ! Certains se sentent aussi stimulés par le papier, la prise de note manuscrite, la relation à l'écriture. Vous pouvez d'ailleurs noter en incorporant des schémas et des dessins, avoir un code couleurs pour vos recettes de potions ou vos rendez-vous, rajouter une adresse que vous pourriez retrouver si vous en aviez besoin un jour. Oui, assurément, il peut devenir votre ami.*

Mais il a ses faiblesses également ! Le perdre serait nécessairement tout perdre d'un coup ! Et sûrement à jamais. Et si vous êtes de la maison Serdaigle – soigneux et obstiné –, sachez que, lorsque vous modifiez quelque chose dans l'agenda, vous le rendez moins « beau », en rayant et en réécrivant sans cesse.

Vous n'aurez d'ailleurs pas toujours le temps de le tenir correctement lorsque, en déplacement, vous devrez noter quelque chose rapidement à l'intérieur. N'oubliez jamais que votre agenda pèse un certain poids et inflige un certain encombrement. Sortir avec lui implique souvent d'avoir un sac ou une sacoche pour le porter, vous privant parfois d'une liberté totale et vous occasionnant le stress de savoir toujours où il est… »

Vous n'avez pas encore terminé de jauger ses qualités et ses défauts que la tête du vieil homme apparaît dans un trou entre deux livres de la bibliothèque, sur votre gauche. Comment a-t-il fait pour se déplacer si rapidement ?

« Mais peut-être que celui-ci vous aidera plus. »

En disant ces mots, il dépose sur cette même étagère un calendrier numérique. Pourquoi pas, après tout ? Mais quels sont ses avantages ? Comme si l'homme lisait dans vos pensées, il vous explique :

« Tout d'abord, vous l'aurez toujours avec vous dans votre téléphone. Ensuite, il sera toujours propre et bien tenu. Une autre de ses qualités est que vous pouvez noter en micro-temps, pour chaque minute de la journée, ou en macro-temps, sur des périodes très longues. Mais c'est également une machine à voyager dans le temps… Vous pouvez noter un rendez-vous dans quatre ans comme vous pouvez consulter les données d'un ancien rendez-vous d'il y a dix ans. Dernier avantage, le plus important : vous pouvez créer plusieurs calendriers thématiques et les partager avec d'autres utilisateurs… si tant est qu'ils possèdent le même agenda numérique !

Est-il exempt de défauts ? Malheureusement non. Les mages les plus noirs ont créé des sortilèges créant parfois un bug chez l'hébergeur des données, des piratages ou des suppressions de données par erreur… Erreurs que vous ne pourrez pas rattraper par la suite. »

Vous êtes encore en train de lister mentalement ce qui peut potentiellement vous déranger avec ce support, que le vieil homme revient au comptoir avec un étrange livre aux pages numérotées recouvertes uniquement de pointillés.

« Et s'il vous fallait plutôt un BuJo ? L'abréviation du Bullet Journal. Le BuJo est un puissant artefact d'organisation inventé par Ryder Carroll. C'est une fusion entre le journal intime, le carnet de notes et l'agenda. Il se présente ainsi : un carnet vierge que vous allez façonner à votre image avec des agendas à la journée, à la semaine, au mois et à l'année. Vous y mettrez aussi des listes créées sur mesure. Enfin, vous numéroterez les pages afin de créer un index des rubriques pour vous y retrouver. Depuis quelques années, les propriétaires prennent soin de personnaliser le style et la décoration de leur BuJo en variant leur calligraphie, en dessinant dedans et en alternant les couleurs. Avec lui, c'est vous qui allez créer votre outil idéal. Mais pour le moment, c'est la partie agenda qui nous intéresse. Vous allez donc créer vous-même vos agendas à l'aide d'une règle et d'un stylo, en fonction de vos besoins. Tout est possible et ne dépend que de vous.

Mais il possède aussi ses désavantages. Les mêmes problèmes de transport et de perte potentielle que l'agenda, avec en plus une gourmandise insatiable de votre temps personnel... Les BuJo prennent du temps à se créer, à se tenir, car ils se doivent d'être un minimum beaux à l'œil pour être efficaces et éviter d'être confondus avec de vulgaires cahiers de brouillon. Certaines personnes peuvent vous conseiller sur le sujet, particulièrement Margaux de la chaîne YouTube « Les Astuces de Margaux ». Cette brillante Serdaigle possède également une boutique[1] qui vous fera gagner des heures de création sur des pages d'agendas préétablies ou sur les décorations dont vous auriez besoin. »

Vous ressortez de la boutique en commençant à y voir plus clair sur le type d'agenda qui vous accompagnera en fonction de vous, de votre sensibilité et de vos besoins...

1. www.laboutiquedemargaux.fr

Personnellement, lorsque je suis moi-même sorti de cette étrange rencontre, je me suis équipé d'un agenda numérique, Calendar. C'est ce qui me correspond le plus :

➡ J'aime ne pas être chargé et je veux pouvoir y accéder de n'importe quel endroit.

➡ J'ai un profil geek et j'écris mal, au point d'avoir parfois des difficultés à me relire.

➡ J'ai besoin de partager mes agendas, d'avoir une vision claire de ma semaine, de mon mois et de mon année en quelques secondes.

	AGENDA PAPIER	AGENDA NUMÉRIQUE	BUJO
+ Partageable		X	
+ Personnalisable			X
+ Sans encombrement		X	
+ Rapide à tenir à jour	X	X	
+ Vision d'une durée de son choix		X	X
+ Autres fonctionnalités possibles			X
+/- Demande de l'écriture manuscrite	X		X
- Perte complète possible	X	X	X

LES LISTES ET LEURS SUPPORTS

Le second pilier pour s'organiser au quotiden est... la liste ! Elle ne paie pas de mine, mais croyez-moi : c'est un redoutable outil de planification.

Je me suis toujours demandé si la confondante simplicité des listes faisait que nous avions finalement du mal à les utiliser ! Ça ressemble à un étonnant secret qui aurait tellement été répété que plus personne n'y croirait vraiment, comme si sa crédibilité était usée.

C'est pourtant en faisant des listes, il y a des années, que j'ai pu commencer à m'organiser et à constater une certaine évolution dans ma vie professionnelle et personnelle. Mais pour noter quoi ? Les listes, les idées, les pensées qui vous viennent et qui vous semblent tellement pertinentes que vous pensez que vous ne les oublierez jamais... jusqu'à ce que vous ne vous souveniez plus d'elles !

Les styles de listes

Les listes généralistes

Elles comportent toutes un thème précis et sont composées d'idées ou de choses à faire sur ce thème.

En voici un exemple concret : la liste que j'utilise pour organiser mon spectacle.

J'écris en noir en haut d'une page le nom de la liste. Ici, « Spectacle ». Je l'entoure d'un cadre propre et fait à la règle. Je rentre ensuite chaque tâche à faire pour le spectacle en ne mettant qu'une seule tâche par ligne, précédée à chaque fois d'un petit point. Dès lors qu'une tâche est réalisée, je fais une croix sur le point (le point sera donc le centre de la croix).

Si la tâche est annulée, alors je fais le symbole < sur le point (le point étant confondu avec la pointe de la flèche).

Lorsque la liste est pleine, j'en ouvre une nouvelle sur le même type de support. J'y reporte toutes les tâches non réalisées de la précédente liste. Si je garde l'ancienne liste, je note la lettre « T » (comme « Terminé ») surlignée en vert en haut de la page, dans son coin extérieur.

En feuilletant mes listes, je sais alors que je ne dois plus tenir compte de cette page, tout a été fait ou reporté dessus.

Les listes précises

Elles peuvent concerner une journée précise à venir, une période courte et délicate à organiser, les points que je veux aborder lors d'un rendez-vous ou d'une réunion.

J'applique la même méthodologie vue précédemment pour les listes généralistes. Néanmoins, les listes précises occupent toujours une page individuelle. Si j'ai besoin de conserver cette note quand la période concernée est terminée (la journée, la réunion, etc.), alors je note un « T » (comme « Terminé ») dans le coin supérieur et extérieur de la page, puis je passe un coup de surligneur vert dessus.

Les listes thématiques

Elles peuvent être de simples idées sur une thématique, des projets, des choses que vous souhaitez ne pas oublier, les livres dont on vous a parlé, etc.

Ces listes sont très utiles pour noter n'importe quelle idée, ou début d'idée fulgurant, qui peut vous traverser l'esprit. Comme pour la liste généraliste, j'écris en haut de la page le nom de la liste. Par exemple, « Idées de vidéos ». Je l'entoure d'un cadre propre et fait à la règle.

Sur ces pages, je m'autorise tout, que ce soit sur le fond ou sur la forme. Ça peut être une liste classique, des colonnes, des dessins, des schémas. La seule règle que je m'impose est que ce soit clair, lisible et agréable à l'œil.

Les listes temporelles

Ces pages sont plus rares mais permettent d'avoir un point clair en constante évolution. Très utile pour les rétroplannings, le suivi d'un budget, le suivi d'une activité comme le sport, la méditation, l'apprentissage d'une langue, etc.

Comme pour la liste généraliste, j'écris en haut de la page le nom de la liste. Par exemple, « Méditation quotidienne». Je l'entoure d'un cadre propre et fait à la règle. Et comme pour les listes thématiques, je peux m'autoriser des formes différentes tout en gardant un effort sur le soin de création.

Les listes quotidiennes

Je vous ai gardé pour la fin les listes les plus classiques que je réalise en général sur un bristol ou un Post-it. Ces listes sont destinées à être jetées à la fin de la journée. Vous allez y noter les tâches que vous avez à faire le jour même et y ajouter celles qui vous viennent à l'esprit tout au long de la journée. À chaque fois que vous remplirez une des tâches qui s'y trouve, vous la rayerez de la liste... jusqu'à épuisement de cette dernière.

Les supports de listes

Maintenant que vous connaissez les différentes listes que vous pouvez faire, voici les deux techniques pour les réaliser.

La to-do list

Les to-do lists sont pratiques, claires et précises. Comme leur nom l'indique, ce sont basiquement des listes de choses à faire mais leur utilité est bien plus redoutable que ça.

Longtemps, j'ai cru que ma tête me suffirait largement pour savoir ce que j'avais à faire et comment le faire. Cette erreur m'a fait perdre beaucoup de temps. J'ai découvert le principe de la to-do list... sans m'en servir... et j'ai encore perdu du temps ! Mais un jour où tout me semblait confus, j'ai commencé à le faire sans trop y croire et ce fut une révélation. Je venais de comprendre que, si une liste de course était efficace pour ne rien oublier d'acheter et se décharger mentalement, alors la to-do list aurait au minimum les mêmes avantages ! Et ce fut le cas !

En notant dans votre to-do (oui, les aficionados disent simplement « to-do », prononcé « toudou »), vous allez soulager votre esprit, alléger votre charge mentale. Ensuite, vous pourrez ajouter les pensées spontanées qui vous viennent, vous n'oublierez donc plus rien involontairement (mais vous pourrez toujours faire l'impasse consciemment en reportant une tâche sur votre agenda...). Vous pourrez donner des priorités, comme nous l'avons vu dans la partie précédente (voir « Différencier les priorités et les urgences »). Vous y verrez plus clair.

Vous allez également donner quelque chose d'important à votre cerveau : des récompenses ! En notant tout sur des to-do lists, vous allez constater visuellement que vous « avancez » dans votre journée. À chaque fois que vous rayerez une tâche que vous venez d'effectuer, un sentiment de satisfaction se libérera dans votre cerveau avec une récompense de bien-être : de la dopamine. Magnifique, non ?

Je fais personnellement mes listes quotidiennes sous forme de to-do lists sur des bristols. Je peux les griffonner à loisir, noter des infos en travaillant, des idées, bref : un beau bazar.

En fin de journée, quand je stoppe, je prends un nouveau bristol et je note tout ce qui n'a pas été fait le jour même : c'est le début de ma to-do list du lendemain. J'ajoute aussi ce qui doit être fait le lendemain en regardant mon BuJo et mon agenda. J'utilise la matrice pour connaître les tâches importantes et urgentes que je note en premier. Je laisse cette feuille sur mon bureau et je sais qu'à mon retour, je pourrai attaquer ma journée sans me poser mille questions sur mon organisation du jour, car c'est le soir, quand mon mental est conscient de tout et en mode actif de la journée passée, que je peux organiser ça au mieux.

Ensuite, je reporte les différents gribouillis supplémentaires que j'ai faits sur mon bristol du jour : numéros de téléphone dans mes contacts, rendez-vous que je note dans l'agenda, idées que je reporte dans les listes adéquates, etc. Et enfin, je jette ce bristol consommé au recyclage !

Le Bullet Journal

J'ai une conception particulière de mon Bullet Journal. À la base, cet outil a été pensé pour être un agenda différent, c'était sa fonction première et je l'utilise vraiment pour tout... sauf comme agenda ! Je ne suis pas forcément un exemple à suivre, n'oubliez pas que l'intérêt de la personnalisation du BuJo est de créer l'outil qui vous sera utile pour vous... pas pour les autres.

J'ai découvert cette méthode tardivement mais je considère qu'elle est indispensable pour tout le monde. C'est un avis radical : à mon sens, c'est l'arme la plus diabolique pour créer du temps infini dans sa vie... par le biais de son esprit.

Ma vision du BuJo est simpliste. Je ne suis pas dessinateur, je ne veux pas perdre un temps fou dans sa réalisation, mais je veux quelque chose de propre, de précis, de tenu.

Je vous recommande de vous procurer un BuJo vierge, avec des pointillés sur les pages. Si elles ne sont pas numérotées, ce n'est pas un problème, vous pourrez le faire vous-même au fur et à mesure de votre utilisation.

Il faut qu'il y ait au minimum un signet (une sorte de marque-page en tissu accroché à la couverture). Vous pouvez sinon en rajouter quelques-uns de couleurs différentes avec des bouts de tissus, faits par vous-même ou achetés, grâce à un point de colle forte. Ils vous seront toujours utiles. Vérifiez si la troisième de couverture contient une pochette, sinon bricolez-en une en utilisant une enveloppe ou une feuille, une paire de ciseaux et de la colle forte.

Cette pochette vous servira à ranger des documents, des tickets de caisse, des avis de passage, des accusés de réception et tout autre document inclassable que vous devez garder durant un temps plus ou moins long.

Équipez-vous également de 3 à 4 stylos noirs de largeurs différentes et d'une petite règle en plastique (la moins lourde possible) que vous pourrez glisser dans votre pochette pour l'avoir toujours avec vous. Enfin, dans l'idéal, votre BuJo doit avoir un élastique sur la tranche pour y glisser votre stylo quotidien, celui avec lequel vous écrivez le plus.

Vous êtes enfin équipé pour faire un BuJo simplifié à la Olicard, version noir et blanc ! Génial ! Mais pour y mettre quoi ?

Votre agenda si vous le souhaitez, comme vous l'avez vu chez mon Ollivander, et sinon toutes vos listes qui ne sont pas des listes quotidiennes. Vous serez certain de ne pas les perdre, de pouvoir retourner sur les idées de votre passé, ce qui s'est dit sur une réunion, etc.

Reportez toujours au sommaire du BuJo les nouvelles listes que vous faites, avec le titre de la liste et son numéro de page. Si une liste est longue et s'étale sur plusieurs pages qui ne se suivent pas, ajoutez les numéros de pages concernés en face du titre de la liste.

TYPES DE LISTES	TECHNIQUE RECOMMANDÉE	SUPPORT RECOMMANDÉ
Listes généralistes	BuJo	BuJo
Listes précises	BuJo ou to-do list	BuJo ou bristol
Listes thématiques	BuJo	BuJo
Listes temporelles	BuJo	BuJo
Listes quotidiennes	To-do list	Bristol ou Post-it

LES PUISSANTS BOOSTERS DE VOS PERFORMANCES

Au-delà des outils pour organiser votre temps, il est essentiel d'organiser votre motivation. Je suis bien placé pour connaître le côté fluctuant de sa propre énergie. Pour maintenir une constance dans ma motivation, il ne fallait plus qu'elle dépende uniquement de mes envies du jour. Je me suis donc mis à utiliser les 4 techniques que vous allez découvrir dans ce chapitre.

COMMENT PERDRE SES EXCUSES

Je suis le roi des excuses ! Dès que je veux annuler ou reporter quelque chose, je sors de mon chapeau une nouvelle excuse pour rendre cette annulation légitime... Le plus gênant, c'est qu'elles sont (presque) toujours valables et me permettent d'annuler une tâche ou de remettre quelque chose au lendemain !

Quand j'ai écrit mon premier livre en 2017, *Votre cerveau est extraordinaire*, j'avais signé mon contrat en septembre 2016. Je savais exactement ce que je voulais écrire, et en quelques jours, j'avais écrit les trois premiers chapitres, je les avais relus, corrigés, améliorés... puis plus rien jusqu'en janvier 2017 !

Que s'est-il passé durant ces trois mois ? Plein de bonnes raisons qui faisaient que je n'écrivais pas. La tournée du spectacle *Mental Roadage* qui arrivait à grands pas, m'obligeant à travailler sur la tournée actuelle et à l'écriture de nouveaux numéros. La chaîne YouTube qui venait de passer les 100 000 abonnés, m'obligeant à encore plus de soin dans la fin de mon défi d'une vidéo par jour. Divers projets qui me demandaient du temps supplémentaire. Je tombais régulièrement malade. Mais je voyais toujours quand j'allais m'y remettre... bientôt... dans mes trajets en train...

Trois mois ont passé, quatre-vingt-dix jours durant lesquels je n'ai même pas écrit un seul mot. Moi qui pensais avoir franchi des caps dans la création de temps supplémentaire dans mes journées, je ne pouvais m'expliquer ce black-out. J'ai donc, comme toujours, commencé par l'analyser au microscope.

À cette époque, j'étais déjà très organisé et vu tous les projets que je menais de front, personne n'aurait pu me traiter de paresseux. Est-ce que j'aurais pu consacrer un ou deux jours à l'écriture du livre ? Objectivement, la réponse est « non ». Est-ce que les raisons que j'invoquais pour me déculpabiliser étaient vraies et justifiées ? La réponse est encore oui. Mais est-ce qu'il me restait du temps dans ma journée qui aurait pu être consacré à l'écriture ? Eh bien... oui.

Alors, qu'est-ce qu'il s'est passé pour que 2 160 heures ne suffisent pas à me faire écrire ne serait-ce que le titre d'un nouveau chapitre ? Deux choses :

- Une deadline trop large. Je devais rendre mes feuillets le 1er mars pour les modifications et le livre partait en impression fin mars. J'aurai dû m'imposer une deadline plus proche.

- Je n'avais pas réparti la tâche tous les jours (voir « Les gros projets » dans la première partie) ; au contraire, j'avais attendu le « bon moment » pour créer des journées (ou des demi-journées) dédiées à l'écriture. La répartition quotidienne est pourtant la base de ma philosophie habituelle, mais ce nouveau projet m'avait fait sortir de ma logique. Je voulais écrire des chapitres avec soin, ligne par ligne, mot par mot.

Comme je l'évoquais précédemment, j'ai changé complètement de méthode en adoptant celle du NaNoWriMo : écrire 50 000 mots en seulement 30 jours. Sans me relire, sans jugement sur le fond ou sur la forme. Il me restait ensuite encore un mois pour tout retoucher, réécrire, améliorer. À la différence que j'allais travailler sur une matière première existante, ce qui est beaucoup plus simple et efficace.

Ce que j'ai retenu de cette expérience, associée à la réussite de mon projet d'une vidéo par jour dans une vie déjà bien remplie, c'est que l'on ne peut ajouter de gros projets dont la deadline est loin qu'à trois conditions :

- Consacrer quotidiennement quelques minutes au projet. Avec un véritable objectif quotidien quantifié.

- Ne pas hésiter à créer un premier jet assurément non abouti. Quel que soit le projet. Il est plus simple et plus motivant de travailler sur une matière première existante que sur du « rien ».

- Ne pas abandonner le projet plus d'une journée. Dans le cas où l'on ne peut vraiment pas le faire, il faut alors prendre de l'avance pour se permettre de rater une journée. N'oubliez pas qu'une journée perdue est très difficilement rattrapable.

Le premier jet des lignes que vous lisez en ce moment même a été écrit dans le cadre de cette méthode, où je m'astreignais à écrire au minimum 1 667 mots par jour. Quand j'applique cette méthode, si je dépasse, c'est génial et ça rentre dans un crédit d'avance qui me permettra peut-être de rater une journée lorsque j'en aurai besoin… mais jamais plus d'une journée loin du projet.

Avec cette méthode, j'ai le sentiment d'avoir un supérieur tyrannique qui me rappelle toujours à l'ordre quelle que soit l'excuse. C'est à moi de trouver une solution adaptée plutôt que de me convaincre que l'excuse est bonne. La semaine dernière, j'ai été malade une journée entière au point d'être dans mon lit à 17 heures. J'ai encore divisé mon objectif en trois pour pouvoir le tenir. Un tiers au réveil, un tiers dans la journée et un tiers avant de me mettre au lit. J'ai pu ainsi répartir le poids en trois fois et le quota a été rempli.

Adoptez cette méthode, et chaque jour, vous rentrerez chez vous avec un sentiment mérité de fierté et de travail accompli. Quel formidable cadeau que vous vous faites…

N'acceptez plus aucune de vos excuses en établissant un terrain propice à l'accomplissement de vos tâches longues. Associez la « deadline » (voir le point suivant) au « premier jet sans jugement » (méthode NaNoWriMo) et au « découpage extrême du projet » (voir « Les gros projets » dans la première partie).

LA DEADLINE

Inutile d'engager un sergent-chef pour vous surveiller dans l'avancée de vos réalisations, qu'elles soient personnelles ou professionnelles. Il y a beaucoup plus simple et tout aussi efficace : la deadline. Une arme trop peu utilisée et au pouvoir incroyable ! Je l'utilise en ce moment même en écrivant le premier jet de mon livre avec la méthode du NaNoWriMo (voir le point précédent).

Par définition, une deadline est une date butoir à laquelle vous aurez réalisé un objectif particulier, quel qu'il soit, selon des termes précis que vous aurez définis en amont. Cette date doit être réaliste en fonction du temps que vous allez devoir consacrer à cette tâche, mais suffisamment proche pour vous mettre la pression de vous y mettre tôt et de ne pas lâcher vos objectifs.

NI TROP TÔT, NI TROP TARD

Si vous n'êtes pas encore familier de la méthode de la deadline, mieux vaut mettre votre deadline un tout petit peu trop tard que trop tôt. Je ne vous dis pas de prendre large mais de chercher le juste et la cohérence car nous avons tendance à sous-estimer les efforts à fournir et les difficultés à surmonter. En mettant une deadline trop dure à tenir, vous risquez de ne pas réussir.

Cet échec sera un faux échec dans les faits... puisque c'est vous qui avez arbitrairement décidé de cette date et qui avez sous-estimé la durée nécessaire. Mais émotionnellement, vous ne percevrez que le sentiment négatif d'un échec. Ce sentiment vous empêchera peut-être de continuer ce que vous aviez commencé et vous fera avoir ensuite des doutes sur vos nouveaux projets. Croyez-moi, il est mille fois plus satisfaisant d'éprouver la joie d'avoir terminé plus tôt que prévu ! Alors voyez toujours un tout petit peu plus large sur la date de votre deadline.

Voici une méthodologie pour mettre en place une deadline sur un projet :

- Écrivez un objectif précis avec les détails essentiels. Mon exemple actuel : écrire un premier jet de 50 000 mots.
- Trouvez la date de fin, assez réaliste, mais sans donner un temps exagérément long. Mon exemple actuel : terminer dans 30 jours, soit 1 667 mots par jour.
- Rentrez cette date dans votre agenda.

- Parlez-en autour de vous en fonction du projet. À vos amis, vos proches, votre famille. L'objectif est d'inclure votre égo dans la réussite du projet. En l'annonçant aux autres, vous engagez votre crédibilité, c'est une bonne source de motivation !

- Faites un rétroplanning du nombre d'heures estimées par semaine (ou par jour, ou par mois, selon l'ampleur du projet) que vous devez consacrer à ce projet. Vous pouvez bien sûr le mettre dans votre BuJo.

En appliquant la deadline un peu partout dans ma vie, au début sans le vouloir, simplement à cause d'obligations personnelles ou professionnelles, j'ai paniqué ! J'ai toujours eu des milliards de choses à faire obligatoirement (il faut quand même noter qu'il n'y a que moi qui me surcharge… personne ne m'oblige), je ne voyais pas comment dédier un temps supplémentaire pour ces tâches ayant une date butoir. Les jours passaient, inexorablement, et je me disais « Dans un jour, je m'y mets », ou « Lundi, j'attaque en me levant plus tôt », alors qu'au final, à chaque fois, je m'y mettais à la dernière minute… Et le plus étrange : tout était terminé le jour J !

Je me sentais las de subir ça et un peu imposteur d'avoir tout fait à la dernière seconde… Alors, je me suis posé pour analyser cette situation et j'en ai parlé autour de moi : nous sommes nombreux et nombreuses à connaître ça ! Peut-être même vous ! Vous n'imaginez pas à quel point toutes sortes de personnes, dans toutes sortes de domaines, deviennent efficaces à la dernière minute.

En appliquant la deadline, vous allez vous servir de ce qu'on peut prendre pour un défaut et vous allez l'optimiser. Quand j'ai accepté ce trait de caractère chez moi, j'ai commencé à mettre des deadlines partout ! Pour tout ! Mais différemment. Je ne tenais pas mes délais d'origines car ils étaient trop loin dans le temps. Se donner une deadline, c'est donc anticiper et se créer un délai plus court que celui d'origine. Si je devais faire une conférence deux mois plus tard, alors ma deadline pour l'écrire était cinq jours après le moment où j'avais appris que cette conférence aurait lieu. Le résultat est incroyable car la deadline agit comme un surveillant, mais aussi comme un challenger perpétuel, et surtout – ce qui nous intéresse ici – un aspirateur de temps perdu.

Étrangement, plus la deadline approche et plus je trouve de temps pour finaliser ce que je dois faire, sans pour autant augmenter ma consommation de « temps pour moi » quotidien. Comme si des minutes se rajoutaient d'elles-mêmes sur ma montre pour me soutenir dans l'accomplissement de cette tâche. Quelle que soit votre organisation habituelle, des moments perdus viendront d'eux-mêmes céder leur place à quelque chose de plus essentiel pour vous, vous les trouverez à l'instinct… un instinct de survie quasiment, qui dit « La date approche ! Après, ça sera terminé et je n'aurai plus à y penser ». Rien qu'avec cette dernière phrase, le jeu en vaut la chandelle…

Posez des dates de fin précises pour vos projets personnels et professionnels. Analysez la charge de temps nécessaire pour trouver une date réaliste, vous demandant quand même une rigueur pour la tenir. Vous obtiendrez une source de motivation et chasserez le gaspillage de temps naturellement.

Et que faire d'une nouvelle deadline à créer qui ne rentrerait pas dans le présent ? Tout simplement, la placer plus loin, sur le prochain créneau où votre charge peut l'accueillir. Cela impliquera parfois de devoir vous expliquer avec des tierces personnes vous imposant cette nouvelle tâche, mais vous devrez leur expliquer, elles ne sont pas votre temps…

Voyez toujours plus loin pour ne pas gérer uniquement de l'instant présent : créez vos deadlines pour répartir une charge homogène, une pression constante, un rythme raisonnable.

LA CONCENTRATION

Un bon moyen de ne pas gaspiller votre temps est d'être concentré sur ce que vous faites. Le temps passé devient nécessairement plus efficace, plus pertinent car utile, et vous n'aurez plus besoin de dépenser vos précieuses minutes pour revenir sur ce moment afin de chercher ce que vous aviez raté ou oublié...

Il existe de nombreuses méthodes pour se mettre en état de focus et de concentration intense, comme celle que j'utilise pour mettre tout mon esprit en phase en seulement 2 minutes[1]. Mais quelle que soit votre manière de procéder, vous pouvez optimiser votre environnement pour vous maintenir dans cet état de focus.

Écouter attentivement

Pour écouter attentivement, nous allons devoir faire quelque chose de complètement opposé : écrire. Cela peut vous paraître étrange, contre-intuitif, mais pour pouvoir être vraiment concentré sur votre écoute, il faut occuper la partie motrice de votre cerveau... qui s'ennuie.

D'ailleurs, vous l'avez déjà fait naturellement sans vous en rendre compte : griffonner sur une feuille ou dessiner dans une marge... Tout le monde y voit un signe évident de manque de respect envers la personne qui vous parle. Mais amusons-nous à poser le problème à l'envers : pourquoi avons-nous ce réflexe – ou a minima, cette envie – lorsque nous sommes au téléphone, en cours, en réunion, en conférence, en formation, etc. Est-ce un hasard que la plupart des êtres humains aient cette mauvaise habitude ? Évidemment que non.

Le cortex auditif est le principal sollicité lors de l'écoute et de l'apprentissage oral. Les aires de Broca et de Wernicke tournent

1. « Comment se concentrer en quelques minutes » dans *Votre cerveau est définitivement extraordinaire*, éditions First, 2018.

alors à plein régime pour vous aider à synthétiser un maximum d'informations. Vous êtes en train de vous concentrer sur votre écoute et sur le sens de ce que vous entendez.

Malheureusement, les aires visuelles du lobe temporal ainsi que les régions motrices ne sont plus sollicitées, votre cerveau s'ennuie terriblement d'être si peu exploité sur ce qui l'occupe le plus habituellement. Il va rentrer dans ce qui s'appelle en neuroscience le « mode par défaut » (le MPD pour les intimes). Pour faire très simple, votre cerveau n'est plus pleinement stimulé par le monde qui l'entoure, il est au chômage technique car il ne sait plus quoi faire de concret, il reste dans un état de repos forcé tout en étant encore en activité. Pour compenser cette mise au placard, il va se rendre un peu utile en générant des pensées parasites, en titillant votre concentration, en s'occupant de vous envoyer des petites problématiques, des fantasmes, des craintes, des choses que vous devez anticiper : vous allez commencer à « rêvasser », à être « distrait ». Adieu à votre concentration...

En griffonnant sur une feuille, vous stoppez net ce processus. Vous donnez ainsi une occupation concrète à ce démon qui a soif d'activités. Vous obtenez comme bénéfice une pleine capacité d'écoute qui ne sera plus parasitée.

Les zones responsables de l'écoute et de la compréhension ne sont pas les mêmes que celles avec lesquelles vous griffonnez, vous êtes tranquille et en pleine possession de votre concentration auditive.

Par extension, c'est le même processus qui explique pourquoi nous avons tendance à marcher tout en étant au téléphone. Aviez-vous remarqué que plus la conversation est importante, ou plus vous avez besoin de réfléchir activement, plus vous marchez ? Regardez un comédien qui répète et vous verrez le marathon qu'il parcourt avant de monter sur scène !

Pour être capable d'avoir une écoute attentive, il faut occuper le reste de son cerveau. Occupez votre corps basiquement en griffonnant ou en marchant.

Écrire en pleine concentration

Vous avez donc compris qu'une des solutions pour avoir une écoute attentive était d'écrire. En toute logique, l'inverse est vrai. Lorsque vous écrivez, vous utilisez toutes les ressources cognitives de votre cerveau, qu'elles soient visuelles, motrices, créatives ou simplement de raisonnement. Mais deux d'entre elles ne sont pas du tout exploitées : celles du cortex auditif !

Aucun fil conducteur pour nourrir ce dernier. Le plus dangereux des pièges va donc être de vous laisser disperser par les stimuli auditifs autour de vous, qu'ils vous soient destinés ou non. Une seule solution : mettre un casque et rentrer dans une bulle musicale ! Cela vous coupera du monde extérieur, riche en parasites sonores pouvant attirer votre attention, tout en envoyant un signal clair aux personnes ayant l'envie saugrenue de venir vous parler : « Je ne vous écoute pas. »

Certaines personnes m'ont confié ne pas pouvoir travailler avec du bruit autour d'elles. Cette croyance est inexacte (puisque nous avons *a priori* tous le même cerveau). L'explication se trouve dans ce que l'on doit ou peut écouter.

Au fil des années, j'ai constaté l'efficacité de la bulle sonore, ce qui explique qu'aujourd'hui, j'ai beaucoup de mal à travailler sans un de ces fonds sonores : radio, télévision ou musique. Mais comme un sportif de la concentration, cette flexibilité m'est venue à force de répétitions et d'entraînements. Dans un premier temps, essayez simplement plusieurs musiques, plusieurs styles et cherchez le combo qui vous aidera à travailler pour trouver la musique qui vous correspond le plus.

Voici les points à tester pour trouver la musique qui vous aidera à être concentré lorsque vous écrivez :

- le rythme : votre concentration fonctionne-t-elle mieux avec un rythme lent ou rapide ?

- les paroles : êtes-vous plus à l'aise avec ou sans ?
- le sens des paroles : avez-vous besoin de comprendre les textes ou est-ce plus efficace avec une langue qui vous est étrangère ?
- les morceaux : vous sentez-vous plus dans votre bulle si vous passez des titres que vous connaissez bien ?
- le genre : vous concentrez-vous mieux avec un genre musical que vous aimez ou un que vous écoutez moins fréquemment ?

Une fois que vous savez quelle musique vous aide à écrire, composez des playlists assez longues que vous pourrez écouter pour vous isoler du reste du monde. Votre concentration ne doit pas être interrompue par le choix du prochain morceau. Je vous recommande de les écouter en mode aléatoire pour ne pas jauger inconsciemment le temps qui passe en fonction du morceau que vous écoutez (« J'en suis seulement à ce morceau ? Ça veut donc dire que ça ne fait que 20 minutes que je suis sur cette tâche ! »).

Une bonne méthode actuelle est d'utiliser les services de streaming tels que Deezer, Spotify, Apple Music, Amazon Music, etc. Vous y trouverez des playlists déjà faites en fonction de votre état d'esprit (motivation, concentration, révision, créativité, etc.). Tout y est déjà, le côté pratique est indéniable.

Au moment précis où j'écris ces lignes, j'écoute justement une playlist composée exclusivement des titres des L.E.J et des titres de Bigflo et Oli. J'avais d'ailleurs écrit mon premier livre en écoutant en boucle les chansons des L.E.J et mon deuxième livre en écoutant en boucle Bigflo et Oli… Comme je vous le disais, je suis bien monomaniaque, au plus grand dam de mon entourage…

Pour optimiser votre concentration quand vous écrivez, vous devez être maître de ce que vos oreilles perçoivent tout en occupant les aires auditives de votre cerveau.

OFFRIR SON ÉNERGIE AU BON MOMENT

Malgré l'application de tous ces principes, je me suis retrouvé un jour débordé, en 2013, sans vraiment comprendre pourquoi. Mes journées étaient harassantes et je ne comprenais pas toujours dans quoi passaient mes heures, malgré un lever tôt et un coucher tard. Je partageais alors la vie d'une danseuse de talent et j'avais observé quelque chose. Elle ne commençait jamais à travailler une chorégraphie si la date n'était pas assurée, le casting confirmé dans son agenda ou le projet signé. Quitte à libérer du temps plus tard pour consacrer les heures nécessaires à cette nouvelle priorité. Ce fut le point de départ d'un nouveau concept de vie pour moi. J'ai tracké l'ensemble de mes journées pendant sept jours et j'ai pu en tirer deux révélations.

Ne mettez pas d'énergie trop tôt

Attention, lorsque je parle d'énergie dans un projet, il ne faut pas confondre votre propre projet et les projets que l'on vous propose, qu'ils soient personnels ou professionnels. Un nouveau projet est toujours excitant et plein de promesses pour le futur car, comme il n'existe pas, tous les fantasmes sont permis. Dans la réalité, beaucoup n'aboutissent pas. Je vous recommande de ne mettre une véritable énergie que lorsque l'on vous a prouvé que le projet avait une vraie chance d'aboutir, ou mieux, quand vous avez la garantie qu'il existera dans le temps.

Voici un exemple : depuis 2016 (j'écris ce livre en 2019), j'ai un projet de programme télévisé avec deux producteurs. Je ne suis pas à l'origine de cette idée et ça n'a jamais fait partie de mes désirs ardents. Mais l'idée était intéressante et je leur ai expliqué que je ne mettrai que peu d'énergie pour le moment, mon accord pour avancer dessus est un accord de principe pour un projet intéressant. Ils savaient que je ne solliciterais pas mon temps de créativité ou de rendez-vous en avançant dans le noir complet. J'ai donc assuré un service minimum dans ce projet, et trois ans plus tard, nous sommes au point mort. Je le vis sans déception puisque je ne me suis pas emballé émotionnellement et que je n'ai pas rangé ce projet dans mes priorités. Les heures que j'y ai consacrées sont raisonnables et formatrices (puisque je ne connais pas très bien ce milieu et que 1 vaut mieux que 0) et je n'ai pas vraiment fait de sacrifices temporels.

Un exemple fictif de temps personnel. Des amis vous disent : « Il faut qu'on aille en vacances ensemble à tel endroit l'été prochain. » Soit. C'est une bonne idée mais ça n'est pas la vôtre. Attendez qu'ils en reparlent ou qu'ils mettent de l'énergie dans la recherche et l'organisation de ces vacances, ou encore qu'ils établissent un budget (signe qu'ils l'envisagent réellement). Mais ne devenez pas le plus motivé du groupe tant que ceux qui proposent (ceux qui ont déclenché ce projet) n'ont pas prouvé leur propre implication.

Ne vous sentez jamais obligé de mettre une priorité temporelle sur des projets que vous n'avez pas choisis.

Avez-vous décidé d'être la locomotive ?

Connaissez-vous le super pouvoir de Steve Jobs, le fondateur iconique d'Apple ? Dans ses biographies, toutes les personnes qui l'ont connu s'accordent à dire qu'il pouvait mettre un filtre de réalité par sa simple présence. Lorsqu'il avait une idée ou qu'il exposait un point de vue – aussi risqué ou critiquable fut-il –, vous étiez persuadé qu'il avait raison, que c'était une vérité et vous deveniez surmotivé.

Mais si vous restiez loin de Steve Jobs un peu trop longtemps, votre raisonnement engourdi reprenait peu à peu ses droits et vous retrouviez petit à petit votre esprit critique... Vous y voyiez de nouveau plus clair, vous rendant compte dans quoi vous vous étiez embarqué. Mais cette particularité de Steve Jobs n'était pas problématique pour son entourage professionnel car il était un moteur, une locomotive, et il faisait avancer l'ensemble du train dans la direction qu'il avait prise.

Malheureusement, il existe également des personnes convaincues et convaincantes qui ne sont que de simples passagers là où Steve Jobs était une locomotive. Elles vous montrent la direction, vous motivent et attendent inconsciemment que vous soyez la locomotive du train dans laquelle elles pourront ensuite voyager. Je ne dis pas ici que ces personnes ne fournissent pas d'efforts, mais elles ne fournissent pas ce que la locomotive doit endosser et qui demande beaucoup d'énergie physique et de charge mentale.

Depuis des années, je me suis mis à analyser rapidement les personnes qui me proposaient de « bonnes idées » ou des « bons plans que l'on devrait faire », que ce soit dans le domaine professionnel ou personnel.

- Premièrement, ces personnes ont-elles la compétence pour mener l'idée à terme ou suis-je le seul à les avoir ?

- Deuxièmement, ont-elles la capacité de dégager le temps qu'il faudra ou devrai-je tout prendre sur le mien ?

- Dernièrement, sont-elles des passagers (qui n'apportent rien au projet à part l'idée de départ), des wagons (qui apportent des éléments pour mener l'idée mais ne dépensent pas l'énergie et la motivation pour faire en sorte que l'idée avance toujours), ou enfin des locomotives (elles travaillent, mais en plus, donnent leur énergie pour toujours faire avancer l'idée) ?

Je suis donc par choix la locomotive de tous mes projets, de toutes mes idées. Mais je refuse d'être celle des autres, même si l'idée est géniale. Aussi, tant qu'une personne me propose quelque chose sans se positionner comme locomotive, je reste simple voyageur... qui n'a même pas fourni l'idée. J'attends que la locomotive se mette en mouvement, et à ce moment, je deviens un wagon sans problème.

Méfiez-vous de la casquette que l'on veut vous mettre, même si l'idée est séduisante. Quand on vous dit « Pourquoi ne te lancerais-tu pas dans ceci ou cela ? Je vois exactement ce qu'il faut faire », répondez « Go ! Fais-le et je te suivrai ».

LES PUISSANTES TECHNIQUES POUR GAGNER DU TEMPS AU QUOTIDIEN

LES LOIS D'ASIMOV

Isaac Asimov… Cet auteur russe a beaucoup écrit en vulgarisation scientifique sur l'espace et la science. Passionné par la logique et la robotique, il a commencé à écrire de la science-fiction en 1950 en mettant des robots au centre de ses histoires. C'est ainsi qu'il a imaginé les trois lois que les robots devraient avoir de préprogrammées, au plus profond de leur ADN numérique :

➜ **Première Loi :** un robot ne peut ni porter atteinte à un être humain ni le laisser exposé au danger en restant passif.

➧ **Deuxième Loi :** un robot doit obéir aux ordres donnés par les êtres humains, sauf si de tels ordres sont en contradiction avec la Première Loi.

➧ **Troisième Loi :** un robot doit protéger son existence dans la mesure où cette protection n'entre pas en contradiction avec la Première ou la Deuxième Loi.

Dans son roman de 1986, *Les Robots et l'Empire*, deux robots imaginent une Loi Zéro, primordiale, qui dit « Un robot ne peut ni nuire à l'humanité ni, restant passif, permettre que l'humanité souffre d'un mal ».

C'est incroyable comme ces lois sont encore d'actualité et toujours aussi pertinentes presque soixante-dix ans plus tard. Des ingénieurs en robotique s'accordent à dire qu'il faudrait d'ores et déjà les appliquer sur les intelligences artificielles que nous développons aujourd'hui, même si ces lois sont insuffisantes seules, comme l'a démontré lui-même Isaac Asimov dans un grand nombre de ses nouvelles (il adorait créer des situations où les lois rentraient en contradiction ou en paradoxe, provoquant un bug chez les robots).

Cette introduction sur les lois d'Asimov a pour de but de vous parler de la technologie moderne dans son aspect positif. Il est trop facile de dénoncer le fait que la technologie moderne est chronophage en oubliant qu'elle peut aussi nous faire gagner du temps… surtout pour l'ultime geek que je suis !

La technologie est omniprésente dans ma vie et ce n'est pas antinomique avec le fait que j'utilise un BuJo au quotidien ! La technologie est aussi neutre que possible, c'est nous qui – individuellement – décidons de la rendre pratique ou chronophage suivant notre utilisation. Nous réfléchissons depuis 1950 à donner des lois à l'intelligence numérique, mais nous sommes incapables de nous en imposer quand il s'agit d'utiliser cette même technologie raisonnablement… Un étrange paradoxe qui aurait plu à Asimov.

L'avancée technologique exponentielle de ces vingt-cinq dernières années peut nous aider à accéder au temps infini plus rapidement que vous ne pourriez le penser. D'une part via son application directe, mais également grâce aux différents services associés qu'elle a générés au fil des années et avec les nouvelles manières de consommer. Avant d'utiliser un nouvel équipement technologique ou un nouveau service via une application, vous devez vous poser au moins deux questions, qui agiront comme des lois quant à votre utilisation :

- Est-ce que cette technologie est assez éthique écologiquement et/ou durable dans le temps ?

- Est-ce que cette technologie va m'obliger à interagir avec elle à des moments que je n'ai pas choisis ?

Si la première réponse est « oui » et que la deuxième est « non », vous pouvez alors considérer le gain de temps et de charge mentale rapportée au coût financier de cette technologie.

Prenons l'exemple d'une machine à laver (pas le plus écologique comme exemple, nous sommes d'accord). Lorsque vous envisagez cet achat, vous mettez le prix en compétition avec l'énergie physique dépensée *versus* le temps que vous allez gagner. Comme cette technologie est intégrée dans la grande majorité des foyers, vous ne la voyez plus comme une innovation, il n'en reste pas moins qu'elle en est une.

Si vous avez un doute sur un achat, calculez simplement le temps que vous dépensez par semaine sur la tâche qu'il va assurer pour vous, notez également la valeur de votre temps (voir « Combien vaut votre temps » dans la première partie). Multipliez votre valeur horaire par le temps que vous allez gagner. Comparez ce résultat avec le montant de l'achat pour voir en combien de temps vous serez « bénéficiaire » de votre investissement.

Pour plus de clarté, voici ce que cela donne avec un exemple fictif : j'envisage de me faire livrer le pain quotidiennement grâce à une application mobile (si ce service existe un jour, vous penserez à moi !).

La livraison se fait à vélo (écologie au top) à un horaire précis (pas besoin de mon attention en permanence sur l'application) et cela occasionne un surcoût de 10 euros par semaine par rapport au prix du pain que j'achète moi-même chaque jour.

Après calcul, il apparaît que le trajet aller-retour que j'effectue 7 jours sur 7 me prend 10 minutes, et que le temps passé dans la boulangerie est en moyenne de 4 minutes.

Chaque semaine, je consacre donc 1 heure et 38 minutes à la tâche liée au pain. Ma valeur horaire est de 7,72 euros (j'ai pris une référence standard, celle du SMIC en 2019) ce qui veut dire que je dépense indirectement 12,60 euros de mon temps chaque semaine à me consacrer moi-même à cette tâche (1 h 38 multiplié par le SMIC horaire en 2019).

J'ai donc tout intérêt à me libérer de cette fonction pour soit être plus productif (et donc économiser virtuellement 2,60 euros puisque je vais dépenser 10 euros dans l'application en plus du prix du pain), soit générer un autre temps libre ou non-temps dans ma semaine.

Évidemment, cette décision n'est à prendre que si je ne considère pas ce moment quotidien comme un plaisir faisant partie de mon temps personnel !

Pour certains achats (comme une machine à laver), le calcul est négatif sur une semaine, non rentable avant un long terme, voire très long terme. Mais vous pouvez aussi considérer que la charge mentale ou physique dont cet achat vous décharge vous permettra de vous concentrer sur des choses plus importantes dans votre vie personnelle ou professionnelle. Il s'agit dans ce cas d'un investissement.

Ne négligez pas ce que vous offre la technologie, elle fait office de renfort quotidien mais elle peut aussi vous aider à parer l'urgence.

Je suis, par exemple, utilisateur d'une application de conciergerie. Un abonnement mensuel très faible (moins de 10 euros) qui me permet d'avoir accès en permanence à une troupe de concierges à distance prête à me dépanner en urgence dans tous les domaines. Mes trois dernières demandes ont été :

- acheter et livrer un cadeau précis pour la première représentation d'un ami à laquelle je ne pouvais plus me rendre à la dernière minute ;

- me faire venir un coursier en urgence pour apporter un exemplaire de mon livre à la programmatrice de Michel Drucker (ce qui a contribué à ma première programmation dans *Vivement Dimanche* en décembre 2018) ;

- me trouver un cat-sitter de confiance pour un départ improvisé à la dernière minute.

Je me sers de ce service dans les urgences, les « coups de feu », comme on dit en restauration. Dans ces moments-là, mes équipes sont occupées et ne sont pas expertes pour ma demande. Il faut que ce soit fait vite mais bien réalisé.

Je suis équipé chez moi (ainsi qu'au bureau) d'enceintes connectées à un service de musique en ligne. Où est mon gain de temps ? Je ne me demande jamais où sont mes CDs, je n'ai pas à aller acheter les nouveaux albums que j'ai envie d'écouter, je ne cherche pas dans mes playlists, je change de musique en continuant ce que je faisais. Mais je gagne aussi du temps sur un grand nombre de petites actions : je lance des minuteurs en ayant les mains dans la cuisine, je demande le temps de trajet de mon prochain rendez-vous sans sortir mon téléphone... J'écoute les infos de trois radios d'affilée pour recouper et diversifier mes sources, etc.

Un dernier exemple ? J'ai investi au bureau dans trois prises électriques connectées à moins de 20 euros. L'une d'entre elles commande la bouilloire classique, l'autre un ventilateur classique et la dernière un chauffage électrique basique. Je ne passe plus mon temps à me lever et à faire des allers-retours pour allumer et éteindre tous ces équipements : je le demande à mon enceinte connectée. Vous me rétorquerez que je me lève moins et je vous répondrai que je suis plus souvent debout, mais pour des choses plus stimulantes ou plus fun. Par ailleurs, le fait qu'il fasse trop chaud ou trop froid ne coupe plus ma concentration puisque je règle ce problème en une phrase à prononcer.

Envisagez de déléguer ou d'investir à bon escient dans la technologie, mais en vous limitant à celle qui vous fera gagner du temps et qui ne vous en fera jamais perdre.

LE POUVOIR DU NON

Le oui et le non sont des mots aux pouvoirs incroyables. J'ai un ami qui a joué le jeu du « yes man » durant un mois entier. Il s'agissait de dire oui à tout ce qu'on lui demandait. C'est ainsi qu'il s'est retrouvé à l'autre bout du monde en laissant son appartement à quelqu'un d'autre... Vous pouvez retrouver ses vidéos où il nous fait partager cette expérience hors norme sur YouTube, à la page d'Autodisciple[1].

Nous avons de plus en plus la « culture du oui », mais pas au bon endroit et rarement dans l'action comme peut l'être l'expérience d'Autodisciple. Nous utilisons plutôt des oui complaisants, évitant un sentiment négatif, mais dont nous ne tenons plus compte une fois le mot prononcé. Ce syndrome est amplifié chez les personnes empathiques dont je fais partie... Il m'était donc toujours très compliqué de blesser directement ou indirectement les personnes quand je discutais avec elles. Et c'est comme ça que je me suis retrouvé rapidement à rendre des services à n'en plus pouvoir, à accepter d'accompagner des amis à des endroits qui ne m'intéressaient pas, à essayer de ne pas décevoir.

1. www.youtube.com/channel/UCDMxcev7u9Nf7KMJuylm-BA

C'est à la fin de mon lycée que j'ai vraiment pris conscience que c'était un gouffre sans fond. Les « oui » que je donnais ne m'offraient pas un crédit de bonté pour le futur, puisque le même malaise s'installait lorsque l'on me reposait une question à laquelle j'aurais dû dire non. Après avoir offert mon aide pour le déménagement très difficile d'une personne que je connaissais à peine, j'ai analysé mon empathie. C'est une caractéristique qui, observée sous un certain angle, ressemble étrangement à une forme de lâcheté. Et je dois bien l'admettre, c'était parfois par faiblesse, par lâcheté, que je n'osais pas dire non...

J'appliquais aussi la technique du « repousse-toujours ». Pour un service ou pour une entrevue qui m'incommodait, je proposais à la personne demandeuse de me relancer quelques semaines plus tard... quand je serais plus disponible. Et devinez ce qui se passait au bout de ces quelques semaines ? Eh bien, la personne me relançait et je me retrouvais au point de départ... à repousser de nouveau ! C'est illusoire de croire que l'autre va abandonner puisqu'il n'a même pas conscience du combat que vous vivez ! Voilà pourquoi vous allez peut-être devoir apprendre à dire... NON !

Non est une réponse franche, démocratique, qui – si elle ne nous fait pas gagner de temps – nous évite bien souvent de perdre une heure supplémentaire potentielle.

Lorsque l'on vous pose une question dont la réponse peut être oui ou non, alors l'autre est préparé à une réponse négative... en théorie bien sûr. Mais vous devez prendre cette théorie comme étant « vraie », sinon quel serait l'intérêt de vous poser la question ? Autant vous donner directement un ordre ! Car, si on enlève la manière de demander et les formules de politesse, le fait de ne pas « avoir le droit » de refuser s'appelle ainsi : c'est une obligation, une convocation, une mission que l'on ne peut refuser.

La bonne nouvelle est que vous êtes *libre* (et autonome...) et que vous avez le *droit* de refuser, de dire NON, sans vous justifier durant des heures. Vous pouvez ne pas avoir envie et assumer cela. Si la personne en face vous considère comme égoïste ou simplement pas sympathique, c'est un problème qui la concerne elle uniquement. Car ça n'est pas votre refus qui fait qui vous êtes. La personne s'est créée sa propre attente du oui et vous n'êtes pas concerné par ses émotions négatives liées à sa déception. Si la personne en profite pour vous formuler des reproches ou vous attaquer, vous aurez alors l'ultime confirmation que vous avez bien fait de dire non...

Si vous n'êtes pas convaincu de cette légitimité que vous avez, je vais vous raconter le jour qui m'a aidé à comprendre cela...

J'ai à peine 17 ans et je suis avec mon meilleur ami, Baptiste, un être humain formidable. Nous allons à la soirée d'une amie, sans but précis, une soirée comme nous en faisons souvent, mais un peu plus organisée qu'à l'ordinaire. Peut-être y a-t-il une occasion spéciale car il n'est pas concevable que l'on n'y aille pas.

Mais parfois, en soirée, la magie n'est pas présente – et c'est le cas ici. Nous sommes arrivés il y a un petit moment et nous sommes une petite dizaine à nous regarder dans le blanc des yeux. Au bout d'une heure à peine, Baptiste se lève et prend ses affaires. Les autres lui demandent s'il compte partir. Il répond que oui. Ils lui demandent pourquoi et Baptiste répond calmement, mais franchement, cette phrase précise : « Bah on se fait chier quand même, je vais rentrer. » (Désolé pour le style !)

J'ai trouvé ça beau, dingue, courageux ! J'étais en quasi admiration pour ce que je pensais être un affront. Il en fallait, de l'assurance, pour oser se fâcher avec tout le monde ici. Baptiste est parti. Et je suis resté. Et nous avons continué à nous ennuyer.

À la fin de la soirée, j'ai pu constater que personne n'était revenu sur le départ de Baptiste et, aussi bizarre que ça pouvait me paraître, personne ne lui en tenait rigueur. Sur l'instant, peut-être que certains avaient mal perçu sa phrase, mais la réalité était là. On s'ennuyait. Personne ne pouvait le nier. En vouloir à Baptiste aurait été équivalent à s'en vouloir soi-même de ne pas avoir osé faire comme lui. C'est à cet instant que j'ai commencé à dire non quand j'allais dire oui par obligation, convention ou peur quelconque. Je n'ose pas quantifier le temps que j'ai gagné depuis lors...

LES RÉUNIONS SONT DES ARNAQUES

Je suis adepte de la fusion des cerveaux. Je réunis souvent des personnes aux profils différents, aux avis divergents, aux compétences opposées, pour organiser des réunions sur des sujets spécifiques. Mais j'ai la chance d'être le meneur de ces réunions.

Il y a quelques années – et ça m'arrive encore aujourd'hui –, je subissais des réunions dont je ne pouvais me soustraire... et ça me glace le sang. J'ai une vive allergie et je ressens physiquement un rejet à mesure que la réunion approche. Ma réaction – trop forte, je le sais – est intimement liée au fait que la majorité de ce temps est complètement gâché.

Quand je suis l'organisateur, j'impose mes règles et quand je suis simple participant, j'essaie autant que possible que l'on applique mes méthodes également... Si rien n'est négociable, je regarde si cette réunion peut être amusante et/ou me faire passer un moment avec des gens que j'apprécie. Si c'est le cas, je considère que je prends ce temps dans mon « temps personnel ». Si ce n'est pas le cas, je préfère ne pas y aller et en assumer parfois les conséquences. Cependant, je ne crains jamais de « perdre quelque chose » ou de « passer à côté de quelque chose » car si l'équipe dont je vais faire partie lors de la réunion n'est pas capable de prendre la gestion du temps comme une priorité fondamentale, alors il y a de fortes chances que nous n'aurions rien pu construire ensemble dans le moyen terme.

En France, nous sommes les mauvais élèves des réunions. Les retards y sont fréquents et admis, le résultat de la réunion importe peu au niveau individuel et le concept d'avoir fait une réunion est souvent plus fort que le contenu de la réunion en lui-même. Mais essayez d'arriver en retard à une réunion en Allemagne et vous serez surpris. Encore mieux : en Suède ! La réunion ne peut prendre fin que si l'objectif de la réunion est pleinement atteint ! Car oui, nous sommes les seuls à voir ces moments professionnels comme une manière simple et justifiée de passer le temps sans effort et sans travail. Mais une réunion n'est qu'une grande auberge espagnole : on n'y trouve que la somme des choses que tous les participants apportent...

Je vais vous révéler maintenant les méthodes que j'applique. Si on me demande de venir à une réunion et qu'elle ne respecte pas au moins 50 % de cette liste, alors je n'y vais pas dans 99 % des cas. Tout simplement.

Les buts

Une réunion doit avoir un thème clair mais aussi des objectifs précis. Ils doivent être communiqués à tous les participants en amont. Le brief doit être succinct pour ne pas charger mentalement et inutilement les participants (j'ai reçu encore récemment un brief de trois pages pour une réunion... que je n'ai pas lu). Mais le brief doit être assez précis pour que les participants puissent se projeter sur le déroulé et sur ce qu'ils pourront apporter personnellement au contenu. Le temps de la réunion doit aussi être défini en amont.

Chaque personne doit recevoir, par écrit si possible :
- les thèmes ;
- les buts ;
- la durée.

Dans un style dit CCP (Clair Concis Précis).

Le délégué temporel

Le délégué temporel est une personne – qui ne doit jamais être la même – étant en charge du temps. Elle a différents pouvoirs que tout le monde doit respecter à la lettre. Si les participants ne connaissent pas ce principe, il convient bien sûr de le leur expliquer durant une ou deux minutes avant de commencer la réunion.

Le délégué temporel va se voir confier la responsabilité du temps qui passe. Lorsque 90 % du temps de la réunion est écoulé, il doit informer l'assemblée afin de recentrer les 10 % qu'il reste sur les buts prédéfinis de la réunion.

Il a également les pouvoirs suivants :

- couper un monologue trop long, qui n'apporte plus rien de nouveau ;
- couper les dérives : extrapolation sur des sujets connexes, discussions personnelles, hors sujets, monologues à tendances autobiographiques, anecdotes, etc. ;
- couper un échange qui dure entre plusieurs intervenants qui – consciemment ou sans s'en rendre compte – disent la même chose ;
- faire des coupures pour faire un résumé et passer à la suite, à d'autres idées ou à d'autres intervenants.

Le délégué doit être respecté, même si l'on n'est pas toujours d'accord avec lui (surtout lorsque l'on est concerné par l'une de ses décisions), il n'y a pas à en faire une affaire personnelle ou à y mettre de l'égo. En changeant à chaque réunion de délégué temporel, chacun pourra expérimenter ce rôle et comprendra mieux le côté factuel de la mission. Pour les équipes habituées, je constate qu'à terme, tout le monde s'autogère car les individus se rendent compte à quel moment ils se seraient coupés eux-mêmes s'ils avaient été en charge du temps ce jour-là.

Évidemment, lors de cette réunion, le délégué temporel ne participera pas, ou très peu, à la réunion. Cette mission lui prendra déjà toutes ses ressources, son écoute et sa capacité de jugement.

Sans délégué temporel, votre réunion ressemble à un train lancé sans conducteur. Il arrivera peut-être au bon endroit mais rien n'est certain.

La durée de la réunion

Il va falloir faire un effort pour les personnes qui font des réunions depuis longtemps : une longue durée est absurde. Passons rapidement sur le fait que, si la réunion est bien menée, alors les temps inutiles (et pourtant majoritaires) seront supprimés. Il faut aussi prendre en compte la durée relative de la concentration de l'être humain. Enfin, les participants ont une vie et risquent de se sentir prisonniers, pensant à ce qui leur reste à faire dans la journée plutôt que d'être pleinement dans l'instant présent.

Si les participants se dissipent, c'est nécessairement que la réunion a un problème de gestion, de durée… ou de nombre de participants.

Le nombre de participants

On a parfois l'impression que plus il y a de personnes présentes, plus la réunion sera prolifique. C'est bien une idée reçue, le plus étant ici l'ennemi du bien. Les participants doivent être sélectionnés pour leur caractère indispensable, selon leurs compétences, leur profil, leur implication, les objectifs de la réunion, etc. L'organisateur devrait être en mesure de justifier précisément l'intérêt d'avoir chaque personne présente si on lui posait la question. Pour ma part, j'établis le seuil de rentabilité à une douzaine de personnes maximum. Les temps de parole sont encore respectés, chacun peut participer et il est plus simple de prendre des décisions collectives. J'ai participé un jour à une réunion où nous étions plus d'une vingtaine…

Entre cinq et sept personnes ont réellement été actives... Ce jour-là, j'ai compris que j'avais assisté à une réunion composée de sept personnes et de treize spectateurs. Aucun intérêt.

Si, malgré les filtres de sélection, il y a plus de douze personnes à la réunion, il est plus intéressant de prévoir deux réunions, plus courtes, avec moins de personnes.

> Maîtriser le nombre de participants augmentera toujours la qualité de ce qui ressortira de ce temps commun.

Le lieu, la configuration

Le lieu ne doit pas être négligé. Il doit être adapté au nombre de participants et en adéquation avec les objectifs de la réunion. Comment demander un brief créatif dans un lieu terne ? J'ai investi dans tout type de lieu suivant les projets que je veux développer : d'une salle ultra geek à La Défense à des caves cosy de bars. Mettez les participants dans des conditions optimales pour atteindre les objectifs.

Dans le même état d'esprit, c'est à l'organisateur de mettre en état de marche les intervenants. Il faut prévoir un catering[1] en fonction de la durée de la réunion et de l'heure de celle-ci, avec de la nourriture et différentes boissons. Mettre en marche la réunion si besoin. Voici un exemple concret : pour une analyse de la stratégie de mon contenu, j'ai organisé une réunion à sept participants. Il y avait deux objectifs et j'avais prévu une heure par objectif (ce qui est déjà très long). J'ai donc opté pour une réunion de quatre heures décomposée comme suit :

- 40 minutes de catering et de discussions personnelles (tous les intervenants se connaissaient bien et s'appréciaient mais ils ne se voient pas forcément souvent, je devais prendre cette donnée en compte) ;

1. Catering est un anglicisme utilisé dans le monde du travail pour désigner un traiteur.

- 80 minutes d'amusement cérébral coupées en deux fois. J'avais prévu entre 30 et 40 minutes de jeu (le loup-garou) pour stimuler les participants, pour mettre leur esprit en mode « enquête » puisque nous allions justement traquer les défauts et les qualités de mes vidéos et de ma stratégie éditoriale. Les bénéfices secondaires étaient :

    - de les mettre dans le bain en oubliant leur journée pré ou post-réunion ;

    - que les quelques personnes qui ne se connaissaient pas vraiment se rencontrent enfin.

  La deuxième session de jeu servait de pause ludique entre les deux sujets du jour et me permettait d'avoir encore un groupe concentré et actif pour la deuxième heure (qui, je le précise, est un temps très long !).

Les meilleures réunions durent en moyenne 20 à 30 minutes seulement. Pour ces réunions, il n'est même pas nécessaire de prévoir des chaises. Je vous rappelle qu'une réunion n'est pas une pause. Si seulement 30 minutes ont été prévues, je peux vous assurer que vous gagnerez en productivité à avoir tout le monde debout, actif, présent et engagé dans le fait que la réunion doive se terminer pour retourner s'asseoir tranquillement à leur bureau. Il ne faut pas se laisser enfermer dans l'imaginaire visuel classique que l'on a d'une réunion.

La forme de la réunion doit s'adapter à ses objectifs propres, loin de toute convention.

Le retard et les départs prématurés

Si la réunion est calée comme elle doit l'être, alors aucun retard ne peut être toléré. C'est une perte de temps pour tout le groupe à cause d'une seule personne. Même si la personne prévient, son retard provoquera au mieux un décalage de la fin de la réunion dans le temps, au pire un arrêt dû à son arrivée.

Pour ces mêmes raisons, il ne peut pas y avoir de départ prématuré. Chaque départ occasionne une pause.

Les horaires d'arrivée et de départ ne sont pas négociables.

La synthèse

Tout aussi important que le premier point sur le délégué temporel, une réunion doit prévoir un scribe. Cette personne silencieuse va consigner et prendre en note le contenu de la réunion. Elle est en charge, post-réunion, de préparer un compte-rendu avec les points suivants :

- les problématiques ;
- les solutions ;
- les décisions ;
- les pistes d'idées qui ont été écartées (hors sujet, non pertinentes, etc.) mais qui présentaient globalement un intérêt ;
- les tâches qui ont été assignées à chacun pour la suite ;
- les prochaines deadlines.

Cette synthèse doit être faite au plus vite (entre douze heures et vingt-quatre heures) tant que la réunion est encore fraîche dans l'esprit du scribe et des participants. Le scribe s'engage à l'envoyer à tous les participants ensuite. Il doit également l'envoyer à toutes les personnes non présentes ayant un intérêt à connaître les conclusions de la réunion.

La personne qui prend le rôle du scribe doit changer à chaque réunion, à moins qu'une tierce personne qui ne participe pas aux échanges veuille bien prendre ce rôle à chaque fois.

Une personne doit tenir une prise de note permanente pour l'ensemble du groupe.

Physiquement ou virtuellement

Est-ce utile de se voir ? De faire des réunions physiques ? Dans certains cas, oui, mais ce n'est pas une nécessité absolue. Cette question ne se pose pas lorsque les participants sont déjà tous au même endroit, mais quand la réunion occasionne autant de déplacements que de participants, il faut absolument se poser cette question. Car au niveau individuel, le temps et l'énergie consommés seront énormes. Il existe aujourd'hui beaucoup de solutions en ligne – gratuites ou payantes – permettant de se réunir virtuellement, très efficaces pour les réunions inférieures à une heure. Il est important de noter que les réunions en visio sont souvent plus efficaces que celles totalement en audio. Savoir que l'on est vus par les autres nous oblige à nous montrer attentifs, et vraiment impliqués dans la réunion. Cela évite également des incompréhensions et des malentendus. Le langage s'exprime dans le sens des mots, mais aussi dans nos attitudes, nos expressions de visage et nos intonations. Pour bien se comprendre, il faut donc se voir... mais pas nécessairement dans le monde réel.

Si tous les participants doivent se déplacer pour se réunir, il faut envisager de faire une réunion virtuelle.

LES PUISSANTS REMÈDES CONTRE LA SURCHARGE

Beaucoup de facteurs peuvent mener à la surcharge, à un débordement, assortis au désir de tout arrêter brutalement. Comme vous, j'ai pu éprouver cette désagréable sensation, et la leçon que j'en ai retenue est issue de la philosophie du général Sun Tzu (*L'Art de la guerre*) : identifie ton ennemi, comprends-le et anticipe ses actions ! En repérant les raisons potentielles d'une surcharge, vous pourrez mieux les gérer... et peut-être même les éviter !

COMMENT GÉRER UN DÉBORDEMENT

Malgré les nouveaux pouvoirs que va vous donner ce livre, ce moment peut arriver. Même avec une très bonne organisation. Que faire lorsque vous ne pouvez plus rien gérer et que tout devient urgent ? C'est de mon passé de serveur que je tiens la solution.

À cette époque, je travaillais dans un restaurant qui s'appelle Les Comédiens (comme quoi, il n'y a décidément pas de hasard). Sans passif dans la véritable restauration (malgré une petite expérience dans mon village natal), j'avais la volonté de bien faire mon travail. C'est ainsi que le patron a remarqué que je retenais sans erreur les commandes de mémoire et que j'avais appris par cœur tous les codes de la machine pour ne pas avoir à passer par les menus (presque vingt ans après, je sais encore que le poulet aux écrevisses est en 618 !).

Assez rapidement, je me suis vu propulsé sur la terrasse ! C'était l'endroit le plus dur de ce restaurant qui accueillait énormément de touristes l'été, mais c'était aussi le plus intéressant sur le nombre de couverts... et donc le montant des pourboires !

En renouvelant deux à trois fois les tables durant le service, je gérais jusqu'à 200 couverts dans une soirée. Mais le renouvellement des tables est toujours un moment délicat puisqu'il faut prendre les desserts de certaines tables, encaisser les clients qui veulent partir (une grande perte de temps incompressible), débarrasser et dresser à nouveau les tables, accueillir les nouveaux clients, leur donner les cartes, prendre leurs commandes, leur servir les apéritifs, tout en gérant le reste du service en cours. Et quand tout se passe en même temps, on peut subir quelque chose de paniquant, appelé « le jus ».

On se sent comme dans un tourbillon avec une liste d'urgences ingérables. La seule solution efficace que j'ai trouvée était de me réfugier dans l'œil du cyclone. Je m'arrêtais, lâchais tout ce que je faisais et m'éloignais de la terrasse pour avoir une vision d'ensemble sur les tables. Je faisais un point mentalement sur l'ensemble d'entre elles et remettais ma liste de priorités en ordre. En premier les plats qui sortent, en second les commandes à lancer, en troisième les encaissements, et ensuite tout le reste. Et les personnes qui s'installaient pour manger se faisaient accueillir avec un sourire et l'explication qu'il faudrait patienter une dizaine de minutes avant la prise de commande.

Au lieu d'accélérer jusqu'à une rupture inévitable, je figeais tout, me déchargeais d'une des tâches et réorganisais les autres d'un coup. Le seul moyen de se sortir de la noyade de travail était donc d'arrêter de nager à contre-courant, et de se laisser flotter pour reprendre le bon sens du fleuve.

En 2017, j'ai vécu de nouveau cette sensation intense de « jus » en restauration. Je n'arrivais plus à m'en sortir dans tout ce que j'avais à faire, une accumulation d'urgences auxquelles venaient se greffer des interruptions pour venir placer des nouvelles urgences. Chacune de ces tâches sollicitait ma réflexion ou ma créativité alors que j'étais déjà épuisé. C'était au mois de juin et j'allais hurler... sans régler le problème... J'ai donc fait comme lorsque j'étais serveur : j'ai tout arrêté.

J'ai éteint mon téléphone, mon ordinateur et fermé ma porte à clé. Assis sur le canapé de mon bureau, je me suis fait un café en me demandant ce que j'avais vraiment envie de faire si je le pouvais. La réponse fut une nostalgie des vidéos de l'année passée. À l'époque, je me posais moins de questions. J'ai donc pris un papier et un crayon, et j'ai écrit une vidéo intitulée « le sens secret des logos », puis j'ai tourné cette vidéo. En prenant le temps. J'ai rallumé l'ordinateur en n'ouvrant que le logiciel de montage. J'ai monté la vidéo en prenant encore le temps et je l'ai publiée à une heure qui n'avait aucun sens : 21 h 30. C'est vraiment une mauvaise heure pour mettre une vidéo sur YouTube, qui plus est un lundi soir. Ensuite, j'ai pris mon agenda, mon Bullet Journal, ma matrice « urgent/important » et j'ai organisé ma semaine pour me mettre à jour. En repoussant des choses et en annulant purement d'autres tâches.

Le plus étonnant dans cette histoire, outre le fait que la Terre ne se soit pas arrêtée de tourner, c'est que la vidéo que j'ai tournée ce jour-là est la première de mes vidéos à avoir atteint le score incroyable d'un million de vues en quelques jours.

Lorsque vous sentez une oppression intense, que vous ne savez vraiment plus comment faire et que tout vous semble ingérable, il n'y a plus qu'une seule solution :

- Arrêtez-vous une demi-journée ou une journée. Vous n'avez pas d'autre choix que de ne vivre que du « temps personnel » ou du « temps pour soi » pour assainir votre mental et pouvoir ensuite mieux réfléchir.

- Créez de l'air en annulant ou en reportant beaucoup plus loin tout ce qui peut l'être. En général, cela concerne la plupart des objectifs que vous vous êtes mis tout seul ainsi que les rendez-vous qui ne sont pas d'une urgence incroyable… et il n'y en a pas beaucoup qui le sont.

- Replacez tout ce que vous devez faire dans les quinze prochains jours grâce à une matrice d'Eisenhower (voir « Différencier les priorités et les urgences » dans la première partie).

- Diluez toutes ces tâches durant trois semaines dans votre agenda.

- Informez les personnes concernées de cette réorganisation de planning.

En appliquant cette méthode, vous allez ressentir un nouvel état, la même sensation que vous avez après une bonne nuit de sommeil. C'est le bénéfice direct d'une diminution de charge mentale, la même qui vous écrasait juste avant.

Une pause suivie d'un regard neuf pour se réorganiser est la seule solution viable pour faire face à un débordement.

COMMENT GÉRER LE MULTITÂCHE

Il y a deux écoles : celle qui prône le monotâche, une concentration extrême sur un seul sujet à la fois, et celle qui prône au contraire le changement permanent (les slasheurs). N'écoutez ni les uns ni les autres : les extrêmes ne font jamais bon ménage avec la stabilité et la durée…

Comme toujours, j'ai essayé les deux méthodes... avec un échec sur le long terme dans les deux cas. Le monotâche finit par provoquer chez moi de l'ennui, un sentiment de monotonie. Et je ne vous parle même pas des situations où la tâche que je voulais effectuer était ennuyeuse ou très complexe. Puisque j'ai tendance à m'épanouir dans la diversité, je me suis donc attelé aux changements très réguliers de tâches avec en bonus la possibilité de gérer de l'instantané (coups de téléphone, mails, personnes qui venaient me parler, idées spontanées) et devinez ce qu'il s'est passé ? Oui, vous l'avez compris... Je ne gérais rien, je brassais souvent de l'air et j'avais du mal à me remettre sur une tâche une fois que j'étais passé à autre chose.

La solution idéale – celle que vous devez adopter – est d'avoir des choses variées à faire, mais toutes sur le même sujet de fond. Que ce soit dans votre vie personnelle ou dans votre vie professionnelle. Si vos différents projets sont identiques, il n'empêche que les choses que vous devez y faire – appelons-les les sous-tâches – sont forcément variées. Alternez dans votre journée plusieurs périodes où vous gérez les sous-tâches d'une première tâche principale, puis les sous-tâches d'une autre tâche principale, etc. N'autorisez aucun dérangement, créez plutôt des moments pour cela, que vous aurez choisis. Vous pourrez dans ces moments écouter les messages sur votre répondeur, consulter vos SMS, etc.

Respectez ce rythme et vous serez efficace et épanoui. Sur les tâches principales un peu plus conséquentes, n'hésitez pas à consacrer une période plus longue.

Quand vous sollicitez votre esprit et votre concentration sur un thème, votre cerveau va mettre un temps de chauffe à se roder à cette mission : plus vous restez dessus, plus il sera efficace. À condition bien sûr de ne pas passer une journée pleine dessus, auquel cas vous deviendrez au contraire moins productif. Tant que vous restez sur un temps raisonnable, vous serez en pleine possession de vos ressources mentales pour avancer sur cette tâche. Par contre, si vous autorisez n'importe quoi à vous interrompre, même un simple appel téléphonique d'une minute, vous devrez recommencer tout ce processus de mobilisation mentale, de créativité et de concentration. Sans parler du fait de devoir retrouver la motivation de s'y mettre de nouveau... moment durant lequel on perd allègrement du temps qui pourrait au contraire être du « temps personnel » à la fin de votre journée, pour une utilisation beaucoup plus fun et agréable.

Sans devenir un multitâche, qui fait tout ce qui se présente à lui dans sa journée, vous devez découper vos tâches du jour en sous-tâches.
Vous pourrez ensuite alterner entre ces sous-tâches pour varier vos actions de la journée, et passer d'une tâche à l'autre tout en les terminant à la fin de la journée.

COMMENT GÉRER LE BORE-OUT

Tout au long de ma vie, j'ai alterné des périodes hyperactives avec des périodes où ma procrastination prenait le dessus. C'est comme ça que j'ai découvert le bore-out, frère jumeau du bien plus célèbre burn-out.

Le bore-out est un épuisement personnel ou professionnel provoqué par l'ennui. En lisant quelques livres sur le sujet, j'ai cru que je ne pouvais pas être touché, pas dans ma situation. Mais c'est en 2010 que j'ai compris que l'on se trompait sur un point précis. À cette époque, j'étais très accompli dans ma vie professionnelle et personnelle. Je voyageais à travers le monde pour y présenter du mentalisme, je vivais entre La Rochelle et Paris, je gagnais très correctement ma vie en faisant des activités liées à mes passions. Et pourtant, régulièrement, j'avais du mal à me mettre au travail, j'avais des moments de déprime incroyable, d'épuisement physique et cérébral qui n'auraient pas dû survenir. C'est en cherchant pourquoi qu'un détail m'est clairement apparu.

Tout ce que j'avais pu lire ou écouter sur le bore-out traitait principalement de l'ennui au travail, souvent par le manque d'activités ou de missions qu'avait à faire un employé. Mais ce qu'il faut définir, à titre individuel, c'est sa notion de l'ennui. Mon ennui et le vôtre ne sont pas nécessairement identiques, ils ont sûrement un tronc commun, mais de nombreuses racines différentes peuvent le nourrir.

C'est comme ça que j'ai compris que mon plus gros ennui ne venait pas forcément du manque d'activité, mais du manque de découverte. Chacun de mes bore-out était lié à une activité récurrente où, plus je maîtrisais les ficelles et moins je découvrais, moins j'apprenais et plus je sombrais. En connaissant ma véritable définition de l'ennui, je connaissais mon ennemi et pouvais enfin lutter contre. Car les causes de mon ennui sont vicieuses : comment avancer dans sa vie si l'on doit changer en permanence, avec en donnée secondaire un côté monomaniaque très contradictoire ? Il me fallait simplement du changement.

Voici donc comment j'ai reformulé mon activité professionnelle sans en changer complètement. Je suis passé de l'événementiel au théâtre, puis au fil des années, j'ai essayé d'y greffer de nouvelles choses, cohérentes mais radicalement différentes. Si vous regardez depuis le lointain, vous verrez à quel point faire des vidéos, faire des spectacles en théâtre et écrire des livres (pour ne prendre que mes trois activités les plus visibles) sont des activités demandant un temps, un regard et un savoir-faire radicalement opposés. Pourtant, leur contenu est toujours cohérent de l'un à l'autre. Mon arme pour lutter contre mon ennui est donc de multiplier les activités (si possible très éloignées les unes des autres) et de les rendre cohérentes sur le fond.

Si vous avez ressenti ne serait-ce qu'une seule fois quelque chose que vous identifiez comme étant du bore-out, alors... c'était assurément un début de bore-out ! N'en doutez pas. Vous devez trouver pourquoi l'ennui vous gagne et créer votre glaive personnel pour le terrasser – dans un premier temps – et l'empêcher de revenir – dans un second temps.

La sensation d'ennui est un poison innommable. Pour bien l'avoir laissé couler dans mes veines, je peux vous en faire une rapide description qui vous semblera peut-être familière parfois – malheureusement. Au début, vous ressentez comme une perte de motivation, vous dites aux autres que vous ressentez une forme de fatigue cérébrale, mais vous savez qu'il y a un problème d'enjeu. Les activités semblent avoir un goût de carton et vous laissez le temps filer, en vous disant que ça va passer. Et, justement, ça passe. Encore et encore. Le temps n'a pas besoin de notre avis pour avancer, lui. En parallèle, le fait de ne pas faire ce qui vous ennuie... ne vous empêche pas de vous ennuyer quand même. Le vide ne se remplit pas tout seul et vous commencez à tuer le temps. Et là encore, vous n'êtes pas né le bon siècle car justement, les substituts existent en nombre : jeux vidéo, jeux mobiles, séries, films, réseaux sociaux, Internet où – de liens en liens – vous vous surprenez à lire un article sur la théorie de la Terre plate alors que vous alliez juste vérifier votre compte en banque. Et le poison provoque ses derniers effets... Vous vous sentez au mieux incapable, et au pire inutile, jusqu'à perdre toute estime de vous... Estime qui aurait pu être le dernier vaccin pour reprendre le dessus. Mais si même l'égo s'en va... comment lutter ? En trouvant la cause de votre ennui et en l'empêchant de revenir !

Voilà pourquoi il est primordial que vous analysiez ce qui peut vous provoquer un sentiment d'ennui. Listez les causes de votre ennui et travaillez vraiment sur comment éviter qu'elles surviennent. Chaque réponse sera unique et personnelle, mais c'est un exercice que je vous recommande de faire en groupe. Vous allez pouvoir vous aider énormément car vos problématiques n'étant pas celles des autres, vous allez trouver des solutions de groupe pour la personne qui, justement, n'a pas résolu cette énigme personnelle.

Méfiez-vous autant de l'ennui que du surmenage. Puisque vous avez des solutions pour le surmenage (votre organisation), vous devez aussi trouver les causes de votre ennui potentiel pour l'éviter.

COMMENT GÉRER LA MÉRITOCRATIE ABUSIVE

Et si le pire ennemi que vous deviez affronter dans votre vie... c'était vous ? À la fois juge et bourreau, vous ne pouvez jamais être vraiment objectif sur vos potentiels et sur ce que vous faites.

La méritocratie, c'est le besoin d'avoir des difficultés pour réussir quelque chose. Il faut se sentir méritant, avoir traversé des épreuves, rien ne doit être simple. Et lorsque quelque chose est fluide, que les choses coulent toutes seules, ou qu'un hasard apporte un certain bénéfice, alors il semble qu'on ne peut pas les mériter, qu'il y a eu une erreur sur le destinataire.

Si vous voulez une confidence, j'ai également ce problème.

Lors de mes spectacles au théâtre en 2011, je soufflais de soulagement dès que le public sortait de la salle. À chaque félicitation, je me disais « Ouf ! Ils n'ont pas vu à quel point ce spectacle est une escroquerie ». C'est peu de temps après que j'ai rencontré Céline H., qui peut témoigner que je voulais arrêter ce métier... alors que mes salles étaient pleines et que la critique était bonne. Mais je répétais que j'étais le seul lucide et que ce que je faisais ne valait rien. Sentiment qui se renforçait quand je jouais en plateau avec tous les génies comiques de Paris (peu connus du grand public à l'époque).

J'ai retrouvé ce sentiment dans tout ce que j'ai fait au cours de ma vie, à chaque vidéo que je publie, à chaque livre que j'écris. Je suis content du fond mais pas de la forme, du style et de tout ce qui me définit.

À force d'en parler autour de moi, je me suis rendu compte que deux facteurs peuvent altérer nos avancées et notre jugement : le manque de confiance en soi et la méritocratie. Ce dernier besoin est encore plus vicieux car on ne le détecte qu'en se posant sincèrement la question.

Trouvez-vous qu'il soit normal de devoir travailler énormément et de surmonter beaucoup de difficultés pour obtenir quelque chose ?

Si vous avez répondu oui, vous êtes également atteint de méritocratie abusive. Pas de panique, le savoir c'est déjà commencer le traitement ! La solution est simple, vous devez déléguer votre jugement à une tierce personne. Neutre. De confiance. Mais attention ! Accueillir un jugement, c'est aussi accepter les deux possibilités :

1. La critique négative

Accueillez-la avec curiosité en étant à l'écoute de l'autre. N'en faites pas une affaire personnelle, prenez-la comme une option possible et dites-vous « pourquoi pas ? ». Essayez d'appliquer une réaction positive à cette critique. Et regardez objectivement si elle a été pertinente ou pas. Un bon exercice est de faire un jeu mental : s'il ne s'agissait pas de votre vie, auriez-vous été d'accord avec la personne qui a formulé ce conseil, cette recommandation ou cette critique ? Vous devez vous décentrer : vous n'êtes pas votre projet.

2. Le compliment

Il est souvent dur à accueillir lorsque l'on manque de confiance en soi ou que l'on est méritocrate abusif. Mais pourquoi vous obliger à être seul juge et à dévaloriser votre travail, vos accomplissements ? Acceptez également que ce que vous faites puisse plaire, ne vous réfugiez pas derrière une dévalorisation ou des comparaisons avec d'autres personnes qui ont des dons similaires.

Demandez régulièrement l'avis d'une personne de confiance. Vous devrez accepter l'avis de cette personne, qu'il soit bon ou mauvais, et continuer en conséquence.

COMMENT DONNER DE L'ÉNERGIE À VOTRE ENTOURAGE

Cette considération s'applique à votre vie privée comme à votre vie professionnelle. Vous pouvez l'imaginer dans votre cercle privé familial, avec vos employés, collaborateurs, ou la proposer à la société dans laquelle vous évoluez.

C'est en réunissant deux faits intéressants et deux problématiques que j'ai trouvé cette méthode gagnant-gagnant. En faisant quelques recherches, j'ai compris que plusieurs entreprises avaient cette démarche, sans pour autant aller jusqu'au bout.

Il s'agit d'activité physique et sportive. Suivez attentivement mon raisonnement, même si vous n'aimez pas le sport ou que vous croyez ne pas avoir le temps.

Fait numéro 1 : Faire une activité physique quotidienne améliore l'énergie du pratiquant pour le reste de sa journée, cette activité joue aussi sur la confiance et l'estime de soi positivement. Pour conclure, pratiquer une activité physique aide à rester en bonne santé et à avoir un corps plus fort.

Fait numéro 2 : Une personne de notre entourage proche – du cercle privé ou professionnel – manquant d'énergie et/ou de confiance va nous solliciter régulièrement. Directement ou indirectement. Chaque sollicitation va nous demander de consommer de notre temps et notre propre énergie.

Problématique 1 : Pour l'écrasante majorité, il est difficile de garder une motivation permettant de continuer une activité physique récurrente dès la deuxième semaine de pratique.

Problématique 2 : Il y a un réel sentiment d'impossibilité à trouver du temps pour pratiquer, au regard de toutes les tâches que l'on doit réaliser.

Fort de cette analyse, j'ai cherché ce qui pouvait tout réunir positivement. La question était : comment trouver une méthode me permettant de garder ma motivation pour faire du sport, de trouver le temps pour cela, d'avoir plus d'énergie, et que mon entourage consomme moins la mienne ?

La solution est que vous deveniez la locomotive d'un engouement sportif pour tous. Vous allez instaurer un moment quotidien (de 20 minutes à 1 heure) pour que ceux qui vivent avec vous ou avec qui vous travaillez pratiquent une activité physique, avec vous, au début de la journée. Bien sûr, ils ne seront pas forcément pour, mais ne vous inquiétez pas, j'ai tout prévu !

- 1er **argument :** Cela ne prend pas longtemps et pratiquer à deux provoque une distorsion positive du temps.

- 2e **argument :** Cela booste l'énergie. Vous allez leur demander d'essayer pour deux fois seulement, dans un premier temps, pour qu'ils le constatent. Vous leur demanderez de prendre une décision ferme au bout du troisième jour. C'est évidemment un piège car au troisième jour, un nouveau sportif est complètement dopé au bien-être et à l'estime de lui... et aura envie de continuer ! La démotivation n'intervient qu'à la deuxième semaine en moyenne.

- 3e **argument :** Vous allez décharger ces personnes d'une tâche qu'elles faisaient durant cette période le matin.

Ce dernier argument mérite que l'on s'y attarde. Pour ne pas vous faire avoir, vous devez déterminer cette tâche avant de tout lui expliquer ! Si vous savez que vous pouvez faire ça ensemble à 8 heures, demandez-lui ce qu'elle fait habituellement de 8 heures à 8 h 30. Si la personne vous dit « sortir les poubelles et ranger le salon avant de partir », engagez-vous à le faire à sa place pendant les 66 premiers jours (le temps moyen pour que cela devienne une habitude pour l'autre de pratiquer avec vous le matin). L'énergie que vous allez dépenser pour que les autres augmentent leur forme, leur confiance et leur énergie disponible sera récompensée. Durant le reste de la journée, elles seront plus actives, vous prendront moins d'énergie que celle que vous avez dépensée à leur place, elles vous prendront moins de charge mentale que lorsqu'elles vous sollicitaient ou qu'elles avaient une énergie basse (et parfois des mauvaises « ondes »).

Si vous êtes à la tête d'une société ou responsable, faites comme suit (si vous êtes employé, vous devez en parler à la bonne personne ou lui offrir ce livre !).

Vous allez soit investir dans une salle de sport proche, soit plus simplement engager un coach qui viendra quotidiennement. Si vos finances le permettent, vous pouvez investir dans les tenues et/ou du matériel pour vos équipes. Sinon, faites-les financer par l'entreprise pour que vos équipes bénéficient d'un prix de gros et du prix hors taxe.

Chaque jour, ou au moins trois fois par semaine, la journée doit commencer par la séance de sport collective. Elle doit être obligatoire avec un niveau raisonnable pour que tout le monde puisse suivre. Comment pourrez-vous convaincre vos équipes ? D'une part en leur expliquant, d'autre part parce que cette demi-heure sera payée ! Il s'agit de leurs heures de travail. Après cette demi-heure, prévoyez 15 minutes pour que les équipes se changent et 15 minutes d'une collation saine. Vous allez donc à chaque fois payer 1 heure chaque personne pour ne pas être productive... et même dépenser de l'argent pour cela. Mais votre bénéfice final sera plus grand : des personnes motivées, pleines d'énergie, avec une plus grande estime d'elles-mêmes. Quelle version de vos équipes sera plus productive selon vous ? Sachant que leur état se répercute sur les sept heures restantes de leur journée de travail...

Vous pouvez aussi imaginer des exercices du style « cri de guerre » collectif qui augmente considérablement la dopamine dans le sang de ceux qui crient !

C'est comme ça que j'ai pu découvrir *a posteriori* que les Japonais commencent leur journée de travail de cette manière. Je ne sais pas si le raisonnement a été le même. Je pense qu'il est aussi lié au renforcement d'appartenance à la compagnie, mais quoi qu'il arrive, le résultat est très sain.

Évidemment, si vous êtes le responsable, vous n'êtes pas exempt de ces exercices matinaux...

Pratiquer une activité physique, et faire en sorte que son entourage en fasse autant, augmente indirectement le temps disponible pour vous et pour les autres.

COMMENT SAVOIR QUOI DÉLÉGUER

Déléguer... Ce mot fait rêver autant qu'il fait peur. Pourtant, vous allez pouvoir créer autant de temps dans votre journée que nécessaire. Vous allez démultiplier votre « vrai » temps, celui pendant lequel votre présence et votre énergie sont indispensables (professionnellement ou personnellement).

Mais déléguer, c'est d'abord une épreuve personnelle à ne pas prendre à la légère. Déléguer demande une sorte d'acceptation dans un premier temps. Vous allez devoir :

- donner votre confiance à une tierce personne ;
- ne pas contrôler en permanence sa manière de faire ;
- accepter qu'elle n'aura pas la même méthodologie que vous ;
- accepter que ça ne sera pas vraiment fait comme vous l'auriez fait ;

- accepter que le résultat ne soit pas à 100 % de vos attentes initiales.

La réalité, c'est que vous ne pouvez pas vous cloner et personne ne le fera « comme vous le pensiez ». Mais à bien y réfléchir, est-ce si grave, au regard du temps que vous allez gagner et des heures libres que vous allez créer dans votre journée ?

La personne à qui vous déléguez des tâches fera sûrement des erreurs. Certaines petites (que vous êtes sûrement le seul à considérer comme des erreurs) et parfois des plus grosses. Mais c'est *normal*.

Lorsque vous devez réaliser une tâche, posez-vous au préalable les deux questions suivantes, pour mesurer l'intérêt de le faire vous-même.

Question numéro 1 : Est-ce que le fait que je fasse cette tâche moi-même donne une valeur ajoutée à cette tâche ?

Lorsque j'ai commencé à m'organiser pour accéder à mon temps infini, j'ai en même temps commencé à développer un terrible mensonge : personne d'autre que moi ne pouvait faire ce que je faisais aussi bien, aussi vite, aussi précisément, tout en appréhendant les priorités.

Si bien que la première personne que j'ai engagée dans ma première société... n'avait jamais rien à faire ! Parce que, vous comprenez, « ça irait plus vite que je le fasse » et « je la formerai à cette tâche un autre jour », qui, bien sûr, n'est jamais arrivé.

Si vous doutez de votre jugement quand vous vous posez cette première question, alors renversez-la. Il est toujours intéressant de changer de point de vue : si je ne fais pas cette tâche moi-même, qu'est-ce qui pourrait mal se passer ?

Bien souvent, vous serez sur un résultat équivalent, et rapidement, vous consacrerez votre temps uniquement aux choses essentielles et au temps personnel.

Retenez cette phrase comme l'une des plus essentielles de ce livre : « Vous ne devez faire que les tâches où votre présence apporte une valeur ajoutée significative. »

Question numéro 2 : Est-ce que cette tâche revient régulièrement ?

Quelle que soit la réponse à votre première question, si la réponse à celle-ci est « oui », alors vous devez enseigner à quelqu'un comment la faire à votre place. Car pour le moment, la seule valeur ajoutée est peut-être simplement qu'il n'y a que vous qui savez le faire. Mais bonne nouvelle ! Le savoir se transmet avec une monnaie qui s'appelle le temps. Et comme dirait Idriss Aberkane, le savoir ne se transfert pas, il se multiplie !

Sur le plan professionnel, il est évident que vous allez trouver de quoi je parle. Sur le plan personnel, ça peut être des tâches ménagères, du bricolage, etc. Toutes ces tâches peuvent être également déléguées via un service professionnel qui a un coût. Je vous invite dans ce cas à comparer le coût du service avec la valeur de votre temps (voir « Combien vaut votre temps » dans la première partie).

Si vous n'apportez pas une réelle valeur ajoutée à une tâche, ou qu'il s'agit d'une tâche récurrente, déléguez-la en enseignant à une tierce personne comment la faire à votre place, ou en faisant appel à une société de services.

GAGNEZ DU TEMPS CHAQUE JOUR

Nous avons jusque-là beaucoup parlé du long terme et du moyen terme. Mais votre temps infini se cache dans tous les recoins de votre vie quotidienne ! Dans ce chapitre, je vous délivre mes astuces pratiques pour les moments receleurs de temps dans chacune de vos journées...

VOUS ÊTES VOTRE MEILLEUR ALLIÉ : ASTUCES POUR SOI

Se préparer à partir, dormir, se déplacer… Toutes ces actions de transition sont le liant entre les moments clés de vos journées. Sans devenir maniaque de la montre, vous pouvez optimiser ces instants tout en baissant votre charge mentale à l'aide de méthodes simples à adopter.

COMMENT ÊTRE OPÉRATIONNEL EN UNE MINUTE

Notre cerveau comporte une option secrète pour nous rendre actif mentalement et physiquement sur une tâche précise en moins d'une minute. C'est un secret dont je me sers plusieurs fois par jour, personnellement mais aussi dans mes tâches d'équipe. Il s'agit d'un dérivé de la visualisation.

Lorsque vous regardez un film, vous êtes-vous déjà surpris à avoir la même expression de visage que le protagoniste lorsqu'il ressent une émotion ? Ou à vous prendre pour un superhéros après avoir vu un film d'action ? Ou encore à vous sentir triste juste parce que vous croisez quelqu'un de triste dans la rue ? C'est le miracle des neurones miroirs ! Pour comprendre ce qu'il y a en face de lui, notre cerveau est doté de neurones miroirs qui nous font croire que ce que l'on voit est ce que l'on vit. C'est ce qui nous permet d'apprendre, de comprendre, d'anticiper et d'être empathique. Le pouvoir de l'imaginaire nous permet de tromper à volonté notre cerveau et d'en tirer un avantage certain.

Avant de vous mettre sur une tâche qui n'a rien à voir avec ce que vous faisiez juste avant, posez-vous durant une petite minute. Fermez les yeux si nécessaire et visualisez ce que vous allez faire, réellement, voyez-vous faire cette tâche, voyez comment vous allez faire physiquement et mentalement, voyez-vous en pleine activité. Votre cortex cérébral ne fera pas la différence entre ce fantasme et la réalité. Il va faire en sorte que votre corps et votre esprit soient opérationnels pour continuer ce que vous êtes en train de visualiser. Ouvrez les yeux et attaquez-vous à la tâche que vous venez de visualiser. Vous constaterez à quel point vous étiez « prêt » et « en forme » pour le faire. Vous retrouvez précisément l'état dans lequel vous seriez en temps normal après avoir entamé cette tâche 7 à 10 minutes auparavant sans la visualiser... Vous venez donc de gagner 6 à 9 minutes par tâche et une charge mentale considérablement allégée lorsqu'on a la douce envie de procrastiner...

Avant de commencer quelque chose, prenez le temps de vous poser et de visualiser ce que vous avez à faire, comme si vous étiez en train de le faire.

POURQUOI CHAQUE MOUVEMENT COMPTE

À la fin des années 1990, j'ai injecté un nouveau réflexe dans ma vie. Il m'a fait gagner énormément de temps tout en me donnant le sentiment d'en faire moins et de rester plus souvent au repos. Il s'agit encore une fois d'une bonne pratique que j'ai découverte ailleurs, pour ensuite l'appliquer à tout et dans toutes les circonstances.

À chaque fois, mon constat est simple : si ça fonctionne dans un domaine, pourquoi ne pas l'appliquer à un autre ?

Remontons une nouvelle fois le time-turner pour nous retrouver dans le village de Marsilly en 1996. Il y a moins de 2 000 habitants dans cette campagne côtière, située à 8 kilomètres au nord de La Rochelle. J'ai 14 ans, et à cette époque, je cherche comment gagner de l'argent de poche, je donne déjà quelques cours d'informatique mais la demande dans le village est beaucoup trop aléatoire. Je vais donc voir le seul restaurant du village, le Café de la Poste, pour leur proposer mes services en extra.

Je me présente pour que Renée, la propriétaire, me fasse travailler… Et elle m'envoie balader… Encore et encore… Mais au bout de trois fois (j'étais motivé), elle accepte enfin de me faire faire un essai. Mon travail ? Couper le pain, essuyer la vaisselle, et surtout, nettoyer le restaurant… avec un perroquet laissé en liberté aux heures de fermeture ! Je n'ai jamais compris comment un perroquet pouvait expulser l'équivalent de son propre poids chaque nuit ! Ni pourquoi ses excréments durcissaient comme de la pierre en si peu de temps !

J'ai fait mon travail sans rechigner jusqu'à ce que Renée me fasse assez confiance pour me faire passer au service lors des mariages et réceptions qui avaient lieu dans la salle des fêtes du village. Véronique, sa fille, s'est attelée à ma formation :

analyser d'un regard chaque table pour vérifier qu'il ne manque rien et ne jamais faire de tour à vide. Ce conseil simple, mais primordial pour le service, s'avère un des meilleurs conseils que l'on m'ait donnés.

En salle, cela se traduisait par ramener une carafe vide en allant chercher un plat par exemple, mais aussi à ramener quelques nappes à la voiture si je devais aller chercher un balai dans le coffre.

J'ai adopté ce principe du « pas de tour à vide » pour tout. Si je pars de mon domicile, je prends ce qui doit être amené aux ordures, sans attendre le moment où « il faut sortir les poubelles ». Par conséquence, il n'y a jamais à « sortir les ordures » puisque je le fais au fur et à mesure. Si je me lève de table pour aller chercher de l'eau, je ramène dans la cuisine ce qui peut être rangé ou mis à laver. Si je dois me lever au bureau ou chez moi pour simplement aller chercher quelque chose, alors je prends une seconde pour savoir si je ne dois pas en profiter pour ranger quelque chose sur le trajet ou au contraire ramener autre chose.

L'idée principale est de ne plus dépenser de l'énergie mécanique pour une seule action, il y a toujours quelque chose que l'on peut optimiser en profitant d'un déplacement. Et ce qui fonctionne sur des micro-trajets fonctionne aussi en macro. Si je pars dans une ville pour une représentation, je réfléchis à contacter les personnes que je voulais voir dans ce secteur, ou les vidéos que je pourrais réaliser là-bas. Le « pas de tour à vide » s'exporte dans l'ensemble de vos déplacements, quels qu'ils soient.

Si vous adoptez ce principe, vous économiserez de l'énergie et donc du temps, rappelez-vous que vous n'aurez plus à vous motiver pour vous lever « juste pour ça ».

Alors merci Véronique et Renée pour cette phrase, lancée à un gamin de 14 ans, qui a participé à lui donner un temps infini !

Si vous devez vous rendre d'un point A à un point B, vérifiez qu'il n'y a pas quelque chose que vous deviez emmener pour gagner un aller-retour.

POURQUOI TOUT LE MONDE DOIT VENIR CHEZ VOUS

S'il y a quelque chose qui amuse Céline H., c'est de voir avec quelle rapidité je monte des sortes d'équipes autour de moi dans les prestations de services. Si la personne qui effectue un service dont j'ai besoin me plaît, que j'ai un feeling et que la personne est à mes yeux une excellente professionnelle, alors je m'efforce de pourvoir établir un lien pour ensuite traiter en direct avec elle. Et j'ai toujours fait ainsi, peu importe ma situation et mes revenus.

Aujourd'hui, je travaille depuis plus de deux ans avec le même taxi-moto, j'ai eu mon VTC (voiture de transport avec chauffeur) attitré pendant trois ans – jusqu'à ce qu'il arrête son activité –, le même coiffeur depuis 2013, etc.

Quel est l'intérêt ? Le gain de temps et le plaisir d'établir des relations sur le long terme avec des personnes sympathiques, compétentes, intelligentes et qui connaissent mes habitudes. Mon coiffeur vient chez moi une fois par mois, le soir. Il s'adapte à mon agenda et nous prenons le prochain rendez-vous directement après la coupe. Mon taxi-moto me considère aujourd'hui prioritaire sur les demandes, préférant déléguer une course prévue à l'un de ses collègues pour s'occuper de moi. Je sais qu'il peut me sauver la mise (c'est arrivé) et qu'il habite à moins de 5 minutes de chez moi. Je peux aussi l'envoyer en toute confiance chercher quelqu'un pour l'emmener à mon bureau, et ainsi faciliter la vie d'une personne qui n'aurait pas eu le temps de venir.

Créez votre team, soyez aussi agréable avec eux qu'ils le sont avec vous, et vous construirez un quotidien de services toujours opérationnels. Importez au maximum tous les services possibles chez vous, vous limiterez vos temps de trajet et d'attente. Vous constaterez que vous pouvez presque tout faire chez vous, tant qu'il s'agit d'une activité de service (cosmétique, sportif, rendez-vous en tout genre, etc.).

Créez votre équipe et demandez vos prestations de services à domicile : cela vous enlèvera de la charge mentale et éliminera vos temps de trajet.

NE PERDEZ PLUS VOTRE TEMPS À PARTIR

J'ai rencontré mon meilleur ami sur un bateau de croisière, en Ukraine, il y a plus de dix ans. Nous étions tous les deux « artistes embarqués » pour quelques semaines. Durant quelques jours, nous avons dû partager une cabine pour pallier un problème de logistique à bord. C'est en vivant cette période proche de moi qu'il a appris à découvrir mes impératifs d'organisation et ma méthode de départ instantané.

En premier lieu, il faut savoir que vivre dans un espace réduit à deux nécessite forcément de s'adapter à l'autre… Sans vous dévoiler lequel d'entre nous a dû se plier au rythme de l'autre, je vous citerai cette phrase de Philippe : « Quand Fabien rentrait dans la cabine, mes vêtements se pliaient tout seuls par peur et mes affaires sautaient dans le tiroir… »

Ce qui l'a vraiment interpellé, c'était de voir à quel point j'attendais la dernière seconde pour partir aux différents rendez-vous que nous pouvions avoir. Si nous devions partir de la cabine à 15 h 50 vous pouviez être certain qu'à 15 h 49, j'étais encore en train de regarder un film sur ma couchette… mais à

15 h 50 précises, j'étais devant la porte à râler parce qu'il n'était pas prêt. Beaucoup de personnes de mon entourage se font encore avoir aujourd'hui par ce revirement de dernière minute, voire de dernière seconde...

L'astuce est aussi simple à comprendre qu'à mettre en place. Lorsque vous arrivez quelque part, vous êtes encore dans l'énergie du trajet effectué. Vous étiez en action, en mouvement, le corps en pleine énergie. Pourquoi le stopper une fois la porte passée ? Pensez tout de suite à votre départ et organisez-le. A minima, cela veut dire :

- enlever ses chaussures et défaire correctement les lacets ;
- mettre ses clés au sol près des chaussures ou dans le manteau/blouson/veste que vous devez prendre pour repartir, ou encore à un endroit dédié (toujours le même) près de la porte d'entrée ;
- réfléchir à ce que vous devrez prendre en repartant la prochaine fois et préparer ce qui a besoin de l'être ;
- recharger le matériel électronique qui doit l'être.

Extrapolez maintenant cette base à toutes vos situations personnelles et professionnelles :

- Si vous arrivez chez des amis, n'étalez pas vos affaires partout. Rangez-les au fur et à mesure.
- Quand vous rentrez de voyage, peu importe la longueur du trajet que vous venez d'effectuer, commencez par défaire votre valise et à lancer le lavage de votre linge avant de vous asseoir pour la première fois.
- Quand vous rentrez, préparez ce que vous devez emmener à votre prochain rendez-vous personnel ou professionnel avant de faire quoi que ce soit d'autre.

Dit comme cela, j'ai conscience que ce conseil peut vous paraître au mieux basique et au pire idiot. Appliquez-le et vous constaterez une chose : la diminution du stress.

Quand vient l'heure de partir, je suis pleinement dans la catégorie de temps que j'ai décidé d'utiliser au préalable. C'est pour cette raison que quelques secondes avant, je semble ne pas me soucier du départ qui arrive : parce que je ne m'en soucie vraiment pas !

Je ne me mets jamais à courir partout pour chercher ce qu'il me faut, je n'ai pas le stress d'oublier quoi que ce soit et je ne connais pas la sensation désagréable de me mettre en retard, les nerfs agités, après avoir fait trois allers-retours dans la maison parce que je n'avais pas pensé à prendre telle ou telle chose.

Appliquez cette méthode immédiatement et vous gagnerez du temps, de la sérénité et le plaisir de partir à votre rythme sans changer d'humeur. Ne courez plus après le temps, glissez dessus !

Anticipez toujours votre départ lors de votre arrivée et vous profiterez de votre temps jusqu'à la dernière seconde.

DORMEZ PEU ET DORMEZ MIEUX

Comme vous avez pu le lire dans l'introduction du livre, j'ai toujours été un gros dormeur. À vrai dire, j'avais beaucoup de mal à aller me coucher… autant que j'en avais à me lever ! Aujourd'hui, j'ai besoin de six heures de sommeil, je peux facilement le réduire à cinq heures sur quelques nuits, et pourtant, j'ai toujours l'impression d'aimer dormir. Que vous vouliez réduire votre temps de sommeil, le comprendre ou améliorer votre réveil : ce chapitre vous sera très utile.

Dormir à deux est-il une bonne idée ?

Attention ! Cette partie peut déclencher une longue explication avec votre partenaire de couple si vous vivez ensemble. Car oui, la meilleure manière d'avoir un sommeil pleinement réparateur est de dormir seul. Des études ont été menées sur ce sujet, mais il est simple de comprendre intuitivement que s'endormir à son rythme, se réveiller à son rythme, ne pas se battre pour la couette, ne pas ressentir d'autres mouvements près de soi, ne pas entendre de souffle, de sons (ou pire : de ronflements), améliorent significativement la qualité de votre sommeil.

En dormant régulièrement seul (surtout dans les périodes où vous devez dormir peu avec un rythme soutenu), vous bénéficierez d'un repos jusqu'à 30 % plus réparateur. Évidemment, il ne s'agit pas de faire chambre à part en permanence ni de mettre un terme à votre intimité de couple. Vous pouvez vous coucher ensemble, discuter et passer un véritable moment à deux, puis rejoindre votre lit lorsque l'endormissement arrive. Ce que je vous explique est un vrai changement de vie, une ouverture d'esprit à avoir, mais qui vous permettra de réduire considérablement votre temps de sommeil en augmentant la qualité de ce dernier.

Lorsque vous êtes très fatigué
et que vous avez peu de temps pour dormir,
privilégiez le fait de dormir seul.

Le réveil peut-il devenir votre ami ?

Le réveil est un rituel. Qu'importe les ingrédients de votre rituel actuel, si vous ne vous levez pas dans les quelques minutes qui suivent votre réveil, alors il y a deux problèmes : vous ne vous êtes pas levé à l'heure qu'il fallait et vous n'avez pas profité de ce temps perdu pour dormir correctement. Alors pourquoi ne pas avoir mis le réveil plus tard ? Vous connaissez déjà la réponse… vous auriez eu le même rituel et le même décalage…

Bien avant l'excellent ouvrage *Miracle Morning*, j'avais déjà dû trouver une parade à cet incroyable effort qu'est le réveil. Longtemps, j'ai attendu la « révélation » : le jour où, en ouvrant les yeux, j'allais me sentir en pleine possession de mes moyens avec une furieuse envie de me lever… J'attends toujours ce jour ! Je me suis donc créé un rituel très simple qui a transformé la première heure de ma journée en me faisant gagner un temps précieux. Ça a aussi contribué à m'offrir un cadeau que je n'avais pas pressenti – nous y reviendrons.

Lorsque mon réveil sonne, je l'éteins directement et complètement. Je ne peux pas me permettre de rater ce réveil car je n'ai pas de deuxième réveil de secours et d'effets « rappel ». Je le sais au fond de moi et ce seul détail a changé profondément mon rapport au réveil. Je le programme désormais le plus tard possible. Je suis certain de profiter plus longtemps de mon temps de sommeil aujourd'hui qu'à l'époque où je le mettais 30 minutes avant pour continuer à le faire sonner toutes les 5 minutes… et finir par me lever une heure plus tard !

L'activité digitale est bannie de mon réveil ! Rendez-vous service et arrêtez ça tout de suite si vous êtes habitué à consulter votre téléphone dès que vos yeux s'ouvrent. Consulter quoi ? Justement… *Rien* ne peut justifier que l'on perde notre temps sur un écran à l'ouverture de nos yeux. Il y a un autre moment pour cela…

Les yeux ouverts, sans réveil de secours, sans écran pour occuper mon ennui, il ne me reste plus grand-chose à faire. Je visualise rapidement les impératifs de ma journée, les rendez-vous, les choses que je souhaite accomplir personnellement ou professionnellement et je prends le chemin de la salle de bains.

Pour maîtriser l'écoulement du temps, je suis sous ma douche moins de 5 minutes après m'être réveillé. Pour moi, cette routine a été une révolution, j'avais à l'époque l'impression que

15 minutes passaient comme une seule et je ne compte plus le nombre de fois où j'ai couru derrière le bus pour aller à l'école (jusqu'à finir mon lycée en allant en cours plus souvent en autostop qu'en transport en commun !).

Une fois lavé et habillé, je prépare mon petit déjeuner. Une fois servi, c'est en prenant mon café que je prends la décision, consciente et assumée, d'allumer mon téléphone portable pour perdre du temps sans intention particulière sur Internet. J'aime ce moment de rien, pour rien, donc plutôt que de le supprimer, j'ai préféré trouver un moment pour l'assumer. C'est ainsi que je me suis rendu compte que ma soif d'écran sans but défini s'étanchait en moins de 10 minutes dans cette situation… quand elle pouvait durer plus d'une heure dans mon lit au réveil !

Et le cadeau bonus dont je vous parlais ? Un sentiment de fierté ! Sûrement exacerbé par le fait que j'ai toujours peiné à me lever. Chaque matin où ce rituel est respecté et que, lavé et habillé, je prends mon petit déjeuner et me saisis de mon téléphone, je me sens fier de moi de m'être levé si rapidement et d'être prêt à attaquer ma journée. Cette puissante émotion change mon rapport à ma journée, remplaçant très avantageusement le stress de me dépêcher et d'être en retard sans raison chaque jour.

Ne mettez qu'un seul réveil le matin, préparez-vous et n'allumez votre téléphone qu'après le petit déjeuner.

Comment dormir toute la journée

Il existe une technique de sommeil qui permet de fractionner sa nuit dans le but de dormir moins : le sommeil polyphasique.

Mais avant d'utiliser cette méthode, si votre sommeil est de qualité et que vous avez pris de bonnes habitudes pour vous lever le matin, alors vous devriez pouvoir réduire vos nuits à six ou sept heures sans problème. En prenant ce rythme vous devriez même à terme pouvoir ne plus mettre de réveil. Un autre de mes amis, Pierre Boc, fait cela et il constate qu'il ne rate jamais son heure de réveil également. Les seules fois où je vais me sécuriser, c'est dans le cas d'un train ou d'un avion à prendre, mais en général je suis réveillé avant la sonnerie. Le réveil est une invention maudite qui coupe votre cycle naturel... bien souvent au pire moment. Toutes les phases de votre sommeil n'ont pas la même fonction et la même importance, je vous conseille vivement de vous en tenir à des nuits réduites de six ou sept heures sans réveil-matin.

Le sommeil polyphasique

Le sommeil polyphasique, c'est encore autre chose. Cette technique est utilisée par les militaires, les marins, et depuis quelques années, par des entrepreneurs voulant optimiser leur temps. C'est une méthode que j'utilise également sur des périodes intenses : dormir moins mais plusieurs fois dans une journée. Car force est de constater qu'il m'arrive de voir ma résilience se réduire en même temps que mes heures de sommeil.

L'idée est donc de fractionner le sommeil. Un cycle complet de sommeil fait en moyenne 90 minutes, mais la période où vous vous reposez réellement est celle du sommeil paradoxal. C'est ce sommeil que vous visez en dormant sur des sessions de 30 minutes parfois assorties d'une courte nuit.

La version extrême du sommeil polyphasique est sur ce rythme : vous devez dormir six fois dans la journée, par séquence de 30 minutes, à heure fixe : 2 heures du matin, 6 heures du matin, 10 heures du matin, 14 heures, 18 heures et 22 heures. Sur ce rythme intense, vous ne passerez donc que 3 heures à dormir sur une journée de 24 heures. Si vous dormiez habituellement 8 heures, vous récupérez 5 heures de temps éveillé dans votre journée !

Pour avoir pratiqué plusieurs fois ce sommeil polyphasique extrême, voici les conseils que je peux vous donner : respectez chaque jour ces horaires à la minute près ! Quoi que vous fassiez, y compris en rendez-vous. Expliquez que vous pratiquez le sommeil polyphasique et que vous devez vous retirer 30 minutes. Cette pratique du sommeil est tellement drastique qu'il est impossible de transiger sur sa rigueur.

Il existe un gros avantage (autre que le temps gagné) et un gros inconvénient à pratiquer ce sommeil. L'avantage secondaire est que si vous étiez auparavant toujours fatigué, avec une énergie basse, vous allez rapidement avoir une énergie vive constante. Les sessions étant séparées de quatre heures, vous aurez durant 3 h 30 les bénéfices d'une énergie vive (celle du réveil) où vous vous sentez alerte et reposé. J'insiste sur le fait que c'est à la condition de se tenir obstinément à votre planning, sinon tout vole en éclat, j'en ai fait les frais par deux fois. L'inconvénient principal est celui de l'alimentation, en réduisant votre temps de sommeil, vous augmentez votre appétit et vos besoins. Si vous aviez des habitudes alimentaires un peu laxistes, vous risquez de prendre du poids automatiquement. Veillez à ce que vous mangez et/ou profitez de tout ce temps libre pour pratiquer une activité sportive.

Le sommeil semi-polyphasique

Vous pouvez également privilégier un sommeil polyphasique moins intrusif : le sommeil semi-polyphasique. C'est celui que je pratique quasiment chaque année. Ma recette est de faire une nuit de cinq heures continue et optimisée (donc seul) et une à trois siestes de 20 minutes. Je joue ensuite sur les proportions. Aujourd'hui, par exemple, j'ai alterné une nuit de 5 h 30 et une seule sieste de 20 minutes à 18 heures pour être certain de pouvoir écrire ce soir et d'avoir une réelle période de temps personnel.

À ce jour, il n'y a pas eu d'étude sur le sommeil polyphasique sur le long terme, je ne peux que trop vous conseiller de ne le pratiquer que lorsque vous êtes en parfaite santé... et réellement motivé.

Découper votre sommeil en plusieurs fois peut vous permettre de gagner du temps sur une période donnée.

L'HEURE LA PLUS IMPORTANTE DE VOTRE JOURNÉE

Une étude a démontré que les émotions que vous vivez durant la première heure de votre journée vont déterminer votre humeur du reste de la journée. Voilà pourquoi vous devez anticiper et gérer cette première heure pour vous assurer d'avoir un mental préparé, motivé et en accord avec vos objectifs de la journée (qu'ils soient de purs plaisirs ou des défis à relever).

Maintenant que vous le savez, comment imaginer bien commencer sa journée en étant en retard, stressé, dans les transports, sur son téléphone, etc., moins de 60 minutes après avoir ouvert les yeux ? Vous devez, la veille, vous souvenir de ça et gérer votre réveil pour que tout se passe bien.

Quelques basiques vous aideront à passer cette première heure de manière optimale… pour en créer bien d'autres virtuelles ensuite durant la journée :

- préparer la veille les vêtements que vous allez mettre le lendemain ;
- préparer la veille tout ce qu'il vous faut pour votre petit déjeuner ;
- préparer la veille ce que vous devez emmener si vous devez sortir ou aller travailler ;
- instaurer une règle interdisant de parler de ce qui peut oppresser durant la première heure de réveil de la maisonnée. Cette règle s'applique également à vous, ne l'oubliez pas ;
- régler votre réveil au moins 60 minutes avant de partir de chez vous, de manière à profiter de ce temps tranquillement (si vous êtes actif, ne ralentissez pas pour autant, écoutez votre rythme et votre énergie) ;

- ne pas lire vos mails ou vos SMS professionnels.

En appliquant ces quelques conseils et ceux du chapitre « Le réveil peut-il devenir votre ami ? », vous serez d'une humeur optimisée toute la journée. C'est l'un des secrets que j'applique et qui fait que je suis la plupart du temps d'humeur égale, sans énervement inutile.

Veillez à avoir 60 minutes de temps personnel ou de temps pour soi après votre lever. L'humeur et l'énergie de votre journée en dépendent.

L'ENFER, C'EST LES AUTRES : ASTUCES POUR GÉRER CE QUI EST EXTERNE

Derrière ce titre provocateur se cache une réalité : les « autres » sont de petits grignoteurs insatiables de votre temps ! Heureusement, vous pouvez alléger l'écosystème qui vous entoure avec les solutions suivantes, parfois pleines de bon sens… et parfois drastiques !

COMMENT NE PLUS ÊTRE INTERROMPU

Commençons par revenir en arrière dans ma vie… Nous sommes en juillet 2012. J'habite simultanément à Esnandes et à Paris. Durant cet été, je prends une grande décision : j'arrête de fumer. J'ai un profil d'addict dans tous les domaines et, en cohérence avec cette caractéristique, je fume l'équivalent de deux paquets par jour (les bons jours) depuis l'âge de 15 ans. Une terrible réalité vient de s'abattre sur moi : j'ai passé autant de jours dans ma vie en tant que fumeur qu'en tant que non-fumeur. Je ne supporte plus l'odeur de mes doigts…

Mais c'est mon buraliste parisien qui a véritablement déclenché mon envie d'arrêter de fumer. Ce buraliste me méprisait complètement, m'obligeant à patienter longuement lorsqu'il parlait avec ses amis, ne se réapprovisionnant qu'une fois sur deux de la marque que je prenais, alors que je venais chaque dimanche matin acheter la même quantité. Mais je courbais l'échine… J'acceptais que ce dealer de nicotine m'humilie… C'était la seule personne au monde qui pouvait se permettre d'agir comme ça avec moi et je ne le supportais plus… Aujourd'hui, je lui suis tellement reconnaissant ! Il a été mon point de départ dans ce combat pour arrêter la cigarette.

Chaque matin, le manque est terrible. Imaginez-vous que durant quinze ans, j'ai enchaîné jusqu'à trois cigarettes dans les vingt premières minutes qui suivaient mon réveil. Pour tromper mon cerveau, le beau temps de la côte atlantique aidant, je décide d'aller courir dès le réveil. Je saute de mon lit, pas de douche, pas de petit déjeuner, je pars faire cinq kilomètres sans réfléchir…

Mais j'ai réfléchi malgré moi… Au détour d'un virage, j'ai croisé, dans leur voiture, des amis du village d'à côté et je me suis arrêté pour parler à peine 5 minutes. J'ai eu toutes les peines du monde à me remettre à ma course, j'avais pourtant couru moins de deux kilomètres. Une fois la motivation retrouvée (disons plus simplement que je me suis mobilisé à contrecœur), il m'a fallu un nouveau temps de chauffe pour enfin trouver mon souffle, mettre mon corps en mode automatique et pouvoir avoir le bon mental. Alors que je mettais en général 40 à 50 minutes pour faire cinq kilomètres, il m'a fallu ce jour-là 1 h 30 ! 1 h 30 alors que je ne m'étais arrêté que pour parler durant cinq ridicules petites minutes.

C'est ce jour-là que j'ai compris le danger des interruptions dans ce que j'entreprenais chaque jour, chaque minute. La leçon douloureuse que je venais de prendre dans cette salutaire course matinale devait s'appliquer à mon esprit et à ma concentration en général. C'est évidemment le cas mais je crois que, tant que l'on n'a pas vécu cette sensation dans son corps, on n'imagine pas réellement ce que l'on inflige à son cerveau en se laissant manipuler par toutes les sources d'interruption qui nous entourent... Autant dire tout, dans l'époque où nous vivons.

Vous le savez sûrement en théorie mais avez-vous une méthode pour rester concentré dans votre quotidien ? Dites-vous qu'à chaque fois que vous vous laissez interrompre, vous arrêtez un sportif en pleine forme pour discuter avec lui. Le temps qu'il lui faudra pour finir sa course sera ensuite deux fois plus long que prévu.

Vous connaissez les dangers qui nous entourent... Voici donc les règles à mettre en place pour les éviter. En récompense, pas de trophée, mais un gain de temps d'environ un tiers de votre temps habituel... Sur une journée de neuf heures, vous allez libérer jusqu'à trois heures. Votre chemin pour devenir maître du temps semble plus accessible que jamais !

Le téléphone (fixe ou portable)

Vous allez considérer différemment votre téléphone ! J'insiste dessus car c'est le point que j'ai le plus de mal à faire changer chez les personnes que je conseille. Notre cerveau ne sait pas – et ne peut pas – gérer la pression d'un nom qui s'affiche sur l'écran. Comme si nous avions peur que la personne nous voie en train de refuser son appel...

Cette méthode va vous aider à n'être joignable que lorsque vous êtes vraiment disponible. Elle fonctionne pour l'écrasante majorité de la population. Néanmoins, si votre métier nécessite une astreinte particulière ou une réactivité d'urgence, il est évident que vous ne pourrez pas vous passer d'être joignable. Votre fonction place dans ce cas votre disponibilité dans la case important/urgent.

Voici la solution que je propose à tous ceux qui peuvent se permettre de ne pas être « accessible dans l'instant pour raisons vitales ».

Étape 1 : Éteignez votre téléphone dès que vous commencez une session de quelque chose (professionnelle ou personnelle) et décidez du moment où vous le rallumerez. Méthode radicale mais je vous recommande de commencer votre sevrage par là. Vous n'êtes plus joignable. Plus aucune excuse. Vous devrez ensuite rapidement passer à l'étape suivante.

Étape 2 : L'inconvénient de la première étape est lié à son premier avantage. Si la tâche que vous accomplissez vous demande de joindre une personne par téléphone, vous n'êtes plus en mesure de le faire. Pire ! Quand vous rallumez votre téléphone, vous vous prenez violemment l'arrivée simultanée des appels en absence et des messages de votre répondeur. Dans la deuxième étape, je vous propose de laisser votre téléphone allumé, mais de couper la sonnerie ET le vibreur. Posez le téléphone près de vous, mais à l'envers pour ne pas voir l'écran. Si vous avez un téléphone fixe, débranchez-le comme pour l'étape 1… et passez rapidement à l'étape 3.

Étape 3 : On touche la bonne solution du doigt. Sur votre téléphone portable laissez le message suivant : « Bonjour, vous êtes bien sur le répondeur de [votre nom]. Je ne suis pas disponible pendant une période non définie. Je vous recommande de m'envoyer un SMS ou un mail directement sur boitemail@site.com. Si vous laissez néanmoins un message, merci de me dire l'objet précis de votre appel. »

C'est en substance le message de mon répondeur actuel. Vous allez voir comme les gens de votre entourage personnel et professionnel vont vite s'y habituer : vous n'êtes jamais joignable. On vous enverra la plupart du temps un SMS ou un mail, que vous pourrez lire quand vous le déciderez. Vos interlocuteurs iront plus rapidement à l'essentiel, seront souvent plus complets dans leur message, et vous ne pourrez pas oublier ce qu'ils ont dit puisque le mail sera toujours à disposition dans votre dossier d'archives. Vous allez aussi découvrir la joie de ne plus recevoir sur votre répondeur de messages de 30 secondes sans contenu précis, terminant finalement par « rappelle-moi s'il te plaît ».

Pour votre téléphone fixe, c'est encore plus simple : renseignez-vous sur Internet pour faire un transfert d'appel vers votre téléphone portable et débranchez-le définitivement. Il n'est plus possible d'accepter qu'un appareil puisse vous harceler quand bon lui semble jusqu'à ce que vous craquiez. Rendez-vous service, débranchez-le et mettez-le au recyclage...

> Ne soyez plus disposé à entendre votre téléphone sonner à n'importe quel moment. Ne prenez du temps pour cette tâche que lorsque vous le décidez.

Les ordinateurs

Alors après avoir analysé scrupuleusement toutes les applications et logiciels que je peux utiliser, le verdict est clair : aucun programme informatique ne mérite d'avoir le pouvoir de me déranger. Qu'il s'agisse des SMS, mails, réseaux sociaux, application bancaire, jeux, etc. Vous devez désactiver toutes les notifications sonores (y compris le mode vibreur) pour laisser au maximum les notifications visuelles discrètes : rien qui surgisse sur votre écran, mais simplement un chiffre qui se met sur votre application pour vous indiquer qu'il y a une nouvelle information disponible.

Mais c'est là une première étape, vous pourrez ensuite vous en passer. Vous verrez ce qu'il y a à savoir lorsque vous utiliserez l'application, tout simplement. Avez-vous vraiment besoin de savoir qu'il y a eu un nouveau like sur une de vos photos ? Vous ne pourrez jamais être vraiment à jour de ce qu'il « fallait absolument voir ». Libérez votre esprit de cette non-tâche qui consiste à regarder ce qui vous est notifié.

Supprimez toutes les notifications sonores ou bondissantes de votre ordinateur.

Les personnes

Comment ne pas se faire interrompre ? Le plus simple est d'être seul, mais je ne vais quand même pas vous recommander d'aller vivre sur une île déserte. Vous pouvez déjà stipuler aux autres personnes, dans votre vie professionnelle ou personnelle, de ne pas vous déranger lorsque vous êtes au cœur d'une activité.

Vous pouvez aussi utiliser la technique des écouteurs ou du casque audio (voir « Écrire en pleine concentration »). Expliquez la règle simplement : lorsque vous l'avez, personne ne doit vous déranger... même si, en réalité, vous n'écoutez peut-être pas de musique. Le casque aura toujours l'avantage de réduire les bruits extérieurs et de donner un signe visuel de votre non-disponibilité.

Convenez d'un code visuel avec votre entourage signifiant que vous ne voulez pas être interrompu.

ROMPRE AVEC VOS RELATIONS PARASITANTES

C'est un des points sensibles de ma vie et de ce livre. J'ai longuement hésité à aborder cet aspect de mon quotidien mais, par honnêteté envers vous, je me dois de le faire. D'une part parce que je vous ai promis de vous donner toute ma méthodologie/philosophie, d'autre part parce que ce principe m'a fait gagner beaucoup de temps et d'énergie, tout en allégeant ma charge mentale. Certaines personnes avec qui j'ai partagé des bouts de vie (et qui m'en veulent probablement) se reconnaîtront dans ces lignes. Puissent-elles comprendre mon point de vue...

Il y a trois types de relations qui dévoreront votre temps (toutes catégories confondues) dans votre vie :

- **les relations faibles**, avec des personnes avec qui vous n'avez que peu d'échanges mais que vous supportez par politesse sans savoir pourquoi ;

- **les relations persistantes**, avec des personnes avec qui vous avez été amis, mais dont la philosophie de vie est aujourd'hui incompatible avec la vôtre. Ces relations sont identifiables au fait qu'elles ne vous apportent rien humainement, même plus de joie, et au fait que vous ressentez un sentiment d'obligation. En général, vous ne faites que donner (du temps, de l'énergie, des services, de l'écoute) et il est compliqué de dire « non » ;

- **les relations vampirisantes**, avec des vampires donc, ces personnes qui n'ont jamais été des proches, ni des amis, mais qui, par le hasard de la vie, vous connaissent. Ils ne se manifestent que pour vous prendre ouvertement quelque chose, vous prenant tantôt pour un psy, tantôt pour un conseiller privé dans votre domaine de compétence, ou encore pour leur entremetteur professionnel, etc.

À ce stade, je sais que vous avez déjà des noms qui vous traversent l'esprit et il faut malheureusement passer par la phase douloureuse de couper avec toutes ces personnes. Attention, je n'ai pas dit avec *certaines* de ces personnes, mais avec *toutes* ces personnes.

Cela vous semble peut-être impossible mais je suis passé par là et je peux donc vous faire un retour d'expérience. Mieux ! J'ai pu aider des proches à en faire autant et constater que la méthodologie ne décevait jamais. Elle dépend évidemment du genre de relations.

Dans 100 % des cas, vous ressentirez quelques semaines plus tard une sensation d'allègement, comme si la vie était plus facile, plus joyeuse. Vous aurez supprimé une énorme charge mentale et chronophage !

Les relations faibles

Rompre avec une relation faible nécessite juste de gagner un peu en assurance et d'accepter que l'on vous aimera peut-être moins...

C'est encore une fois ce voisin que vous n'appréciez pas trop et qui vous parle tous les jours pendant 20 minutes... mais qui ne connaît rien de vous car il ne vous laisse jamais parler et qu'il part une fois qu'il a fini de se déverser.

C'est ce fournisseur dans votre boulot qui vous parle comme à un pote pendant 10 minutes avant de répondre à la question que vous lui aviez posée par mail avant.

Bref, ce sont ces relations négatives du quotidien. Vous devez accepter de les arrêter, refuser de les écouter en le verbalisant et/ou en partant. Vous allez vous rendre un grand service, et ne vous en faites pas pour eux : ils trouveront d'autres cibles, comme lorsqu'ils ne vous connaissaient pas encore.

Gain de temps assuré et émotions négatives ressenties réduites !

Les relations persistantes

La plus compliquée des ruptures est celle avec ce type de relations. Bien souvent, ces personnes ont partagé beaucoup de belles choses avec vous par le passé, mais le problème... c'est que c'est le passé justement !

La vie a changé pour vous ou pour elles, vous n'avez plus la même philosophie de vie. Mais les liens d'avant sont restés une illusion, que vous êtes peut-être le seul à ressentir.

Ces relations s'arrêtent parfois en cas de clash, c'est ce qui s'est passé par deux fois dans ma vie. Un clash a rompu le peu de lien vraiment amical qui restait et, malgré une tentative de sauver les vestiges d'une chouette relation, je me suis rendu compte que nous n'avions pas/plus la même philosophie de vie. Alors, je suis resté sur ce qui avait été initié par le clash en laissant la relation s'arrêter. Aucune animosité envers personne, au contraire, mais j'avais l'impression de donner en permanence. Quand je dis donner, ça peut-être des conseils, des choses matérielles, des connexions vers des relations, du savoir-faire ou tout simplement du temps. Des heures passées au téléphone en faisant des pirouettes souvent malhabiles pour éviter de se voir sans raison, juste pour se voir.

Parfois, il n'y a pas de clash, pas de véritable raison. Mais l'amitié s'est amoindrie, vous vous êtes éloignés.

Il est à noter que la relation amicale a un inconvénient par rapport à la relation amoureuse : on ne peut pas rompre. Sommes-nous engagés pour une vie entière ? Je vous assure que non. Alors rompez lorsque c'est nécessaire, mais comme ça n'est pas dans les mœurs, vous serez jugé. Est-ce si grave ? D'anciennes relations amicales pensent sûrement que j'ai un excès d'égo ou que j'ai oublié d'où je venais, ou encore que je ne suis pas reconnaissant. Bref, que j'ai changé. Pourtant rien de tout ça, simplement une relation amicale non épanouie.

Je vous recommande d'arrêter ces relations déjà terminées qui vous prennent tellement d'énergie, et surtout, de temps. Ne craignez pas le jugement qu'il y aura ensuite, n'ayez pas peur qu'une personne ne vous aime plus : vous n'avez « pas le time » pour ce genre de considérations, plein de merveilleuses choses vous attendent grâce à la charge mentale que vous économiserez (voir dans la première partie « Devenez "pas le time" »).

Je suis entouré aujourd'hui de personnes qui correspondent pleinement à qui je suis vraiment. Baptiste, à jamais mon meilleur ami, que je connais depuis l'âge de 2 ans et demi… et on se surprend à se voir une fois par an, avec un plaisir intense. Marie, Charline et Bertrand que je connais depuis 2002, Térence rencontré en 2007, Philippe rencontré en 2009, etc. Je ne pourrais citer tout le monde, mais toutes ces personnes ont un point commun : elles respectent mon rythme… disons… énergique, et mon planning toujours optimisé. Je ne ressens jamais aucune pression de leur part, aucun jugement, aucune attente. Voilà pourquoi je serai toujours présent pour eux.

En lisant ce paragraphe, des noms vous sont venus à l'esprit. Des souvenirs de moments à attendre au téléphone que la personne termine, ou de moments où vous lâchiez un souffle résigné en calant un de ces rendez-vous dans votre agenda. Prenez votre courage à deux mains et rendez-vous ce service. Dur mais indispensable... Je vous promets que le soulagement qui suivra est incomparable.

Les relations vampirisantes

Les pires relations ! Souvent des gens sympathiques, mais que vous ne voyez dans votre vie que pour leur donner quelque chose. À chaque fois qu'ils vous contactent, c'est pour obtenir un conseil, un service, un avis, un prêt, un numéro de téléphone, etc.

Ils ont créé le lien qui vous unit mais sans vous demander votre avis. Et bien sûr, ils disparaissent régulièrement jusqu'à avoir de nouveau besoin de vous.

Bizarrement, vous vous traînez ces personnes qui grignotent à tour de rôle votre temps depuis des années sans rien faire. Pestant contre eux quand ils ne sont pas là, mais toujours souriant en leur présence. Pourquoi ? Je ne sais pas... Je ne me le suis jamais expliqué non plus.

La méthode est simple. La prochaine fois qu'ils vous appellent, passent vous voir ou vous textotent : vous devez leur dire. C'est aussi basique que cela.

Un copain magicien m'appelait beaucoup pour me lire ses textes (entièrement) et pour me demander des conseils pour ses projets ou des contacts dans le théâtre. Mais nous n'avions jamais rien partagé réellement, pas même un repas ou un verre sans raison. Je lui ai donc expliqué un jour au téléphone que je n'avais malheureusement plus de temps pour lui dans ma vie. Calmement et sans reproche. Il l'a compris et vous savez quoi ? C'est toujours un plaisir de se croiser encore aujourd'hui. À la différence que je ne paie plus de mon temps par la suite.

Voilà sûrement un chapitre que vous n'attendiez pas dans ce livre. Mais à chaque fois que j'ai pu coacher des personnes sur la gestion de leurs temps, tous m'ont avoué que cette étape :

- était la plus dure !
- était la plus rentable en temps et en charge mentale !

> Les relations humaines sont l'essence de nos vies, entretenez-les comme un jardin : semez, plantez, taillez, élaguez… Vous êtes la seule personne responsable des types de relations que vous gardez.

TÉLÉPHONEZ DE MANIÈRE UTILE

Vous passez du temps avec votre famille et vos amis au téléphone ? Formidable. Vous allez continuer exactement de la même manière, c'est une bonne nouvelle. Prenez le temps de lire le point sur « Écouter attentivement » du chapitre sur la concentration et vous allez comprendre pourquoi il est scientifiquement indispensable que… vous fassiez votre ménage en même temps !

Commencez par investir dans un casque ou des écouteurs confortables, si possible sans fil, équipés d'un micro. Lorsqu'une personne vous appelle et que vous savez d'avance qu'au minimum 10 minutes vont s'écouler, équipez-vous de votre matériel « main libre » avant même de décrocher. Dès que la conversation commence, vous allez entamer votre ménage : vaisselle, ménage quotidien, nettoyage des sols, laver votre linge, l'étendre ou le plier, nettoyer en profondeur quelque chose comme votre réfrigérateur ou frigo, faire vos poussières, etc. Vous allez optimiser votre concentration pour écouter la personne au téléphone et lui parler... tout en vous libérant de votre temps de ménage.

À titre personnel, je ne pense pas être un accro du téléphone. Je dois y passer rarement plus d'1 h 30 par semaine pour les conversations longues (c'est-à-dire de conversations supérieures à 10 minutes), mais je fais systématiquement mon ménage quotidien en même temps. Des tâches qui devront être faites quoi qu'il arrive ! Je me libère donc de plus d'une heure de temps pur consacré au ménage par semaine, soit plus de deux jours par an ! Et sans avoir à me priver des conversations au téléphone avec mon entourage.

Bonus professionnel : cette astuce fonctionne aussi bien chez vous qu'au bureau pour du nettoyage ou du tri. Pas de contre-indication non plus pour nettoyer votre voiture dans votre garage. Vous pouvez aussi appliquer cette astuce pour vous rendre à pied à un endroit qui était prévu (faire une course, aller poster du courrier, etc.).

Une double tâche téléphonique (ne parasitant pas votre conversation) sera toujours rentable à 200 %, c'est mathématique !

IMPOSEZ VOTRE GÉOGRAPHIE

Cette astuce peut obliger à un changement de vie. Je la teste depuis quatre ans et c'est l'une des meilleures décisions que j'ai pu prendre dans mon quotidien : habiter en rez-de-chaussée ou en rez-de-jardin.

Évidemment, cela m'a valu un déménagement, mais auparavant, je passais chaque jour environ 5 minutes dans les étages (si je ne sortais qu'une seule fois par jour, donc un aller-retour dans les étages me prenait 5 minutes). En considérant donc un aller-retour quotidien à l'extérieur, je passais 35 minutes par semaine à me déplacer dans un bâtiment ! Inadmissible quand j'y repense… 2 jours, 6 heures et 20 minutes par an ! Que ce soit de manière productive ou pour le plaisir, je connais d'innombrables façons de mieux dépenser plus de deux jours sur année.

Personnellement, j'ai poussé le concept jusqu'à prendre mon logement en rez-de-chaussée ainsi que mes bureaux professionnels… le tout dans la même rue ! Je mets vingt et une secondes de la porte de chez moi à la porte du bureau. Avec le temps gagné dans les étages et les transports, plus de cent heures par an… Je peux presque écrire un livre entier ! Vous savez donc maintenant comment j'ai pu me mettre à écrire des livres sans prendre sur mon temps personnel.

Prenez le temps que vous passez dans les transports chaque jour. Rationalisez l'ensemble sur une année (pensez à enlever vos 5 semaines de congés) et voyez si l'énergie d'un déménagement ne vous ferait pas gagner quelques semaines sur les prochaines années.

RANGEZ MOINS MAIS RANGEZ MIEUX

Une des grandes astuces pour réduire le temps perdu s'appelle… le rangement ! C'est une solution redoutable, diabolique et facile à mettre en place… que demander de plus ?

RANGEZ INTELLIGEMMENT

Attention ! Il existe sur le marché des dizaines de méthodes de rangement inefficaces. Ces faux rangements se trahissent par le fait qu'ils ne tiennent pas dans le temps, et se révèlent même parfois inutiles au bout de quelques heures seulement…

Voici comment construire les piliers fondamentaux de votre rangement… et atteindre plus facilement le sentiment de temps infini – là aussi, vous augmenterez votre estime de vous. Plus votre maison ou votre lieu de travail sera propre, plus vous vous sentirez fier.

L'effort à fournir

Plus l'objet que vous allez ranger vous est utile quotidiennement, plus vous le manipulez durant votre journée, moins son rangement doit vous demander d'énergie.

Si, pour ranger ce stylo que vous utilisez dix fois par jour, vous devez vous déplacer, ouvrir un tiroir, prendre une trousse, l'ouvrir et y mettre le stylo, ranger la trousse, fermer le tiroir... vous pouvez être sûr que le stylo restera sorti et que vous passerez votre temps à le chercher.

Rangez au plus près de vous les choses qui vous servent souvent. Ce principe est valable dans toutes les pièces.

Le tri

Donnez, vendez, jetez. N'accumulez pas ce qui n'est pas désiré. Triez et recyclez en permanence ce qui vous encombre. Pour ce qui est encore fonctionnel, autre que les déchets donc, donnez-les ou vendez-les. Leur simple existence chez vous consomme votre énergie et votre charge mentale. Et les espaces libérés trouveront très rapidement une nouvelle fonction plus utile...

Ne laissez jamais votre intérieur personnel ou professionnel s'encombrer de choses inutiles.

Ne soyez pas conventionnel

Pourquoi vouloir ranger chaque chose à l'endroit le plus conventionnel de votre maison ou de votre espace de travail ? Parce que c'est ainsi ? Remettez-le en question.

Votre vie, vos habitudes et votre personnalité vont déterminer votre manière de ranger. Voici l'exemple le plus déculpabilisant : si vous avez l'habitude de lire aux toilettes ou d'y jouer à la console, alors je suis certain que l'on va y trouver dans 90 % du temps la console déchargée dedans, ou des livres en vrac. Organisez-y plutôt une véritable petite bibliothèque et si possible un endroit pour ranger la console avec son chargeur et des jeux.

Un exemple concret : mes caleçons et mes chaussettes sont rangés à côté de ma douche et non pas dans mon placard à vêtements...

Chaque chose a sa place... à condition que sa place soit près de l'endroit où vous l'utilisez.

À vue !

Le rangement à vue est possible – et nécessaire – s'il est justifié. Toutes les choses qui me sont terriblement utiles à mon bureau sont accessibles en tendant simplement le bras ! Donc tous ces objets sont à vue mais en quantité limitée, réfléchie, et à une place précise (toujours la même bien sûr). Il me faut par contre absolument remettre les choses en place dès que je m'en sers... en tendant le bras à nouveau ! En appliquant ce concept à tous les endroits de votre maison ou de votre lieu de travail, vous gagnerez en efficacité sans confondre « ranger » et « tout cacher dans les placards et les tiroirs ».

Une ultime recommandation : lorsque vous allez ranger, vous allez vous confronter à un piège que je connais bien et qui ne m'a pas aidé. Permettez-moi de le mettre en lumière et de vous faire gagner du temps, de l'énergie et de la motivation. Dans cette quasi frénésie de rangement, vous allez avoir les syndromes de « chaque chose à sa place » mais surtout de « chaque place a sa chose ». Ce faisant, vous allez donc remplir chaque espace vide par un peu de « quelque chose »... mais les jours vont passer et vous allez devoir ranger de nouvelles choses. Une seule solution : prévoyez de la place supplémentaire sur les zones sensibles. Quand vous choisissez la taille de votre bibliothèque, prévoyez plus grand pour garder au moins une étagère de libre pour les nouveaux livres. Dans votre dressing, laissez de la place pour vos futurs vêtements, etc. Si vous prenez cette habitude dès le départ, l'ordre se maintiendra plus facilement et vous ne serez plus découragé par le « oui, mais ça je ne peux pas le ranger, je n'ai plus de place »...

Rangez à vue les choses qui servent plus d'une fois par jour et prévoyez de la place supplémentaire dans les zones appelées à accueillir plus de choses dans le temps.

ARRÊTEZ DE FAIRE LE MÉNAGE – ENFIN PRESQUE

Autrement appelé « les corvées » au vu de leur caractère rébarbatif et inévitable... Il y a pourtant des choses à faire pour éliminer ce temps ou, au contraire, le rendre plus productif. Souvenez-vous de la nomenclature du temps au début de ce livre (voir « Les différents temps »)... Le temps coule toujours mais vous pouvez changer le sablier dans lequel il se verse.

Le transformer en temps personnel

Je vous renvoie directement à « Téléphonez de manière utile » dans la troisième partie. Ce temps que vous consacrez à votre entourage, amis et famille, peut facilement s'associer à ce moment récurrent.

Le transformer en nouveau temps de son choix

Avez-vous envisagé de déléguer cette tâche à un professionnel des tâches ménagères ? Pourquoi ne pas les déléguer ? Le budget que cela représente évidemment. Je vous invite à faire l'exercice de la section « Combien vaut votre temps ? » et à comparer le résultat au taux horaire que vous coûterait une personne faisant ces tâches à votre place. Et pour optimiser cette comparaison, intégrez le crédit d'impôt de 50 % que vous aurez sur chaque euro versé à cette personne chargée du ménage si vous êtes imposable. En faisant ce calcul, j'ai tout de suite opté pour déléguer trois heures de mes tâches par semaine à une tierce personne, les tâches que j'aime le moins faire, et je garde les autres que je « rentabilise » différemment.

Le transformer en temps pour soi

Et si vous en profitiez pour apprendre ? Pour vous inspirer ? Il existe aujourd'hui de nombreux podcasts audio et livres audio sur de très nombreux sujets : écoutez-les pendant que vous astiquez votre cuisine ! Vous pouvez aussi écouter des conférences Ted ou TedX qui font globalement peu appel au sens visuel.

Votre concentration pour écouter étant à son paroxysme lorsque vous nettoyez quelque chose (voir dans la deuxième partie), il est presque nécessaire de nourrir le reste de votre cerveau de nouvelles informations, l'inverse serait un moment gâché. En effet, quand prenons-nous vraiment le temps de nous offrir des plages d'apprentissage ? J'entends par « apprentissage » la découverte de nouvelles informations, de nouveaux concepts, de nouvelles visions, allant bien au-delà de notre zone de confort habituelle.

Vous pouvez également profiter de ce moment pour apprendre ou parfaire une langue étrangère. De nombreuses méthodes audio existent aujourd'hui pour quasiment toutes les langues vivantes, vous trouverez un large choix gratuit ou payant adapté à votre niveau. Et si cette option n'est pas assez convaincante, ce qui va suivre le sera.

Nous avons tous appris notre langue maternelle par l'écoute ! Lorsque vous étiez bébé, personne ne vous a donné de leçons à lire, d'exercices de conjugaison ou de listes de vocabulaire à retenir. Vous être juste rentré dans une immersion auditive de votre langue natale en vous imprégnant des conversations de votre famille. Fascinant, non ? Si vous ne consacrez qu'une heure de ménage par semaine (toutes tâches confondues, cela reste une estimation minimum), vous pourriez faire quatre à cinq heures de cours de langue par mois. Une poignée d'heures certes... mais le faisiez-vous avant ? N'oubliez jamais : 1 sera toujours mieux que 0...

LES ASTUCES À FAIRE CHEZ SOI

Deux par deux...

Une astuce si simple mais ô combien efficace pour vos chaussettes... Car oui, il y a du temps dans vos chaussettes ! Je n'ai que deux types de chaussettes : des noires et des blanches. Vingt exemplaires chacune, toutes identiques. Je ne perds jamais mon temps à trier mes chaussettes après mes lessives en cherchant les correspondances, à créer un endroit pour les chaussettes orphelines que je ne retrouverai de toute manière jamais.

Sur une lessive par semaine, je mets donc 30 secondes à trier et ranger mes chaussettes contre 2 à 3 minutes avant (disons donc une moyenne de 2 mn 30). Voici donc comment gagner 1 h 44 sur un an que vous pourrez employer à quelque chose de forcément plus passionnant !

Petit plus en bonus : si vous voulez aller plus loin, vous pouvez aussi mettre toutes vos chaussettes (les noires et les blanches) en vrac dans un tiroir, sans même trier les couleurs ou les associer par deux.

Si le matin vous vous levez avant votre conjoint ou conjointe, inutile d'allumer la lumière ! Vous prenez trois chaussettes à l'aveugle avant d'aller à la salle de bains. Vous aurez forcément une paire de la même couleur ! (Les seules séquences possibles sont noire-noire-noire ou noire-noire-blanche ou noire-blanche-blanche ou blanche-blanche-blanche). Enfilez deux chaussettes identiques et laissez la troisième dans la salle de bains. Si vous faites la même chose le lendemain, alors ne prenez plus que deux chaussettes à l'aveugle dans le tiroir (puisqu'une troisième sera toujours dans la salle de bains), et ainsi de suite. On s'amuse comme on peut chez Olicard !

Plier son linge comme en Chine

Si vous êtes consommateur des réseaux sociaux comme d'une « occupation », vous avez sûrement déjà regardé des vidéos des Lifehack. Il s'agit d'astuces toujours malignes permettant

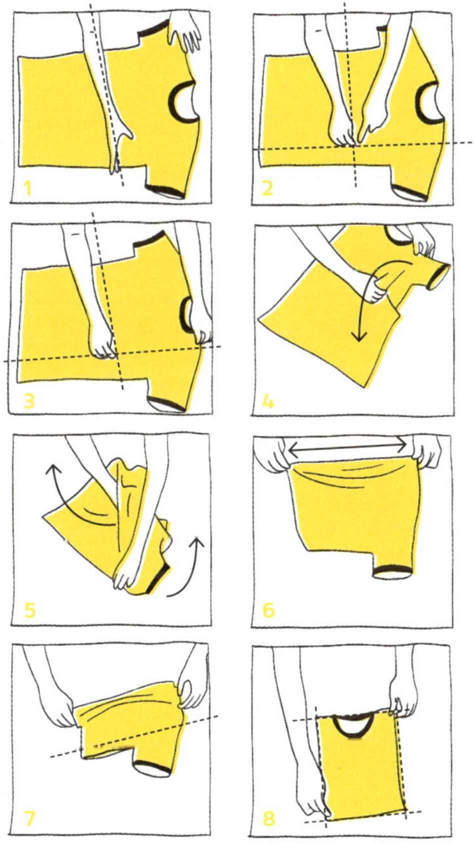

de résoudre un petit problème quotidien avec les moyens du bord. Dans ces vidéos, les astuces s'enchaînent, les regarder devient vite addictif, limite hypnotisant. Vous avez sûrement vu cette méthode asiatique pour plier les T-shirts, chemises, pull, hauts, etc., en seulement trois mouvements ! Lorsque j'ai découvert ça, j'étais subjugué ! Je savais que j'allais gagner au moins trente minutes de pliage par semaine... tout en pliant plus correctement mes vêtements (j'avoue ne pas être doué de base et que je n'avais pas deux T-shirts pliés à l'identique). J'ai passé des dizaines de fois la vidéo pour comprendre le mouvement, avec un T-shirt à côté de moi. Vous n'aurez pas à vous infliger ça, suivez simplement les schémas ci-dessus pour plier en deux secondes et trois mouvements vos vêtements. Et puis, avouons-le : ce savoir-faire a un petit côté stylé !

Mettre du temps libre au frigo

Dans la vie courante, deux choses nous prennent beaucoup de temps : dormir et manger. Le sommeil a son propre chapitre dans ce livre (voir « Dormez peu et dormez mieux »), alors nous allons également traiter du sujet de la nourriture.

Une quadruple perte de temps quand il s'agit de manger dans le simple but de se nourrir (je parle des repas où vous n'avez pas la notion de plaisir à préparer le repas ou à le partager), car il faut :

- penser au repas ;
- faire les courses ;
- le préparer ;
- faire la vaisselle.

Je ne compte pas le moment du repas, car n'oublions pas qu'il ne s'agit pas de faire un concours de rapidité mais juste d'optimiser le temps.

Et justement ! L'une de ces pertes de temps m'a hanté longtemps... très longtemps... Il s'agit de celle du menu. « Qu'est-ce qu'on mange ? » Cette phrase pourrait me faire monter une crise d'angoisse à elle seule. Sans compter les petits déjeuners, on se pose cette question 730 fois par an, c'est énorme !

Je pense avoir testé toutes les solutions – j'ai bien dit *toutes* ! En habitant à Paris, j'ai même atteint le moment où je ne savais pas quoi commander à manger tout en n'ayant pas envie d'aller au restaurant. Quand j'y repense, ça a été la période la plus critique pour moi vis-à-vis de la nourriture et je préférais sauter le repas du midi plutôt que de me soucier de nouveau de cette question sans fin.

La seule bonne solution reste de nouveau la planification, mais pas n'importe comment. Ce qui me permet d'y voir plus clair est de la faire sur 15 jours, mais vous pouvez commencer à vous projeter sur une semaine.

Prenez un cahier et notez les plats que vous aimez particulièrement. Ils sont en général faciles à préparer et ne sont pas forcément les plus diététiques... Notez également les plats que vous aimez qui vous prennent moins de 30 minutes de préparation. Si vous manquez d'inspiration, n'oubliez pas qu'Internet est votre ami. Nous avons la chance de vivre dans une époque où des milliers de recettes sont à notre disposition gratuitement, souvent avec des explications soignées et des temps de préparation. N'oubliez pas d'imprimer immédiatement les recettes que vous sélectionnez au fil de vos pérégrinations sur les pages web.

Ne pensez pas aux entrées pour le soir, souvent mauvaises pour la santé (charcuterie, rillettes, etc.), elles vous font perdre du temps en cuisine, aux courses et à table. Le soir, privilégiez un plat unique et un dessert et/ou un fruit.

Prévoyez vos repas du soir mais ne négligez pas ceux du midi ! Le plus simple étant de faire « trop » le soir pour avoir des restes que vous consommerez le lendemain midi avec des entrées simples et non cuisinées, plus un fruit en dessert.

Commencez alors à planifier votre semaine pour chaque dîner, reportez sur le cahier les dîners qui peuvent devenir le déjeuner du lendemain (en en faisant en plus grande quantité), avec quelle entrée (des légumes en priorité) et quels fruits. N'oubliez pas les desserts de chaque repas. Dans votre semaine, mettez au moins un de vos repas préférés, même s'il prend un peu plus de temps et qu'il n'est pas franchement bon pour la santé. Vous pouvez aussi prévoir un repas acheté de type « commande livrée ou restaurant ».

Si l'idée de manger vos restes de la veille chaque jour de la semaine vous pose un problème, alors prévoyez également des repas le midi... dont vous pourrez commencer à faire la préparation le soir pendant les temps de cuisson de votre dîner. Vous voyez que ce n'est pas si compliqué d'optimiser !

Ensuite, réunissez toutes les recettes que vous allez utiliser sur votre planning et rangez-les dans l'ordre. Si c'est un plat simple ou que vous connaissez très bien, imprimez quand même une recette ou faites une photocopie de votre livre de recette.

Faites votre liste de courses à partir de ces recettes, en prenant soin de réunir les aliments voisins ensemble. Si vous allez toujours dans les mêmes magasins, faites la liste en triant directement par magasin puis par rayon que vous pouvez visualiser. Mettez ce dossier dans votre cuisine. Complétez ensuite votre liste avec les achats non alimentaires que vous devez faire.

Muni de votre redoutable liste, vous pouvez affronter le moment tant redouté des courses. Nous savons très bien que vous ne sortirez pas trop de votre liste. Vous n'êtes pas en mode shopping mais en mode réapprovisionnement. Rentrez et rangez tout de suite vos courses aux bons endroits. Enlevez tous les emballages inutiles et jetez-les au recyclage tout de suite. Allez au bout de cette démarche ! Si vous achetez du papier toilette, sortez tout de suite tous les rouleaux ! Bref, préparez toute votre semaine pour ne jamais être ralenti par des détails, aussi futiles que peut l'être le papier toilette encore emballé...

Abordons maintenant la question de la préparation du repas. Une simple méthode à suivre et vous serez plus rapidement dans votre temps personnel :

- Préparez un plan de travail propre et bien rangé.

- Sortez votre recette et tous les ingrédients dont vous avez besoin.

- Suivez la recette.

- Pendant les temps faibles et les temps de cuisson, rangez ce dont vous ne vous servez plus et attaquez la vaisselle de ce que vous venez d'utiliser.

- À la fin de la préparation du repas, le plan de travail et votre cuisine doivent être aussi impeccables qu'au début (vous pouvez passer un coup d'éponge à la fin) et toute la vaisselle faite. Au pire, ce qu'il reste doit être dans l'évier en train de tremper dans de l'eau chaude ou être déjà rangé dans le lave-vaisselle.

Comme vous l'avez constaté, j'ai inspiré ma vie et mon organisation des professionnels de chaque domaine dont j'ai besoin. Je pars du principe qu'ils ont forcément développé des process efficaces, alors pourquoi se priver de leur expérience ?

Parlons maintenant de la dernière étape : la vaisselle ! Pour le coup, je n'ai jamais eu de problème avec cette partie. Déjà parce que j'ai un vrai côté Bree Van de Kamp de *Desperate Housewives* (je m'offre régulièrement de nouveaux accessoires pour faire le ménage, véridique), ensuite parce que mon expérience de la restauration très jeune m'a tout de suite donné les bons réflexes.

Si vous avez un lave-vaisselle

Heureux propriétaire de lave-vaisselle, que votre gain de temps soit loué ! Et maintenant, un peu de rigueur et de méthode pour être toujours au top de votre temps. Comme vous l'avez lu précédemment, mettez directement votre vaisselle de préparation dans le lave-vaisselle au fur et à mesure que vous préparez le repas. Après avoir mangé, mettez directement votre vaisselle dedans également. Terminé, le fait de poser la vaisselle dans l'évier avant de la mettre plus tard (voire un autre jour) au lave-vaisselle : aucun intérêt ! Puis le soir, après avoir déposé la vaisselle de vote dîner, enclenchez le lavage. Quand le vider ? Tout simplement le midi, pendant que vous réchauffez vos restes de la veille ou durant le temps de cuisson de votre déjeuner. Et le vertueux cycle de la vaisselle sera un automatisme intégré à vos actions quotidiennes, sans avoir besoin de lui dédier un temps particulier.

Si vous n'avez pas de lave-vaisselle

Si vous avez assez de place pour avoir un lave-vaisselle, peut-être pourriez-vous commencer par investir ? Il en existe de très convenables aujourd'hui pour 300 à 400 euros. Pour un peu plus d'un euro par jour pendant un an, vous vous libérez complètement de cette corvée. Imaginiez-vous faire votre lessive à la main toute votre vie ? Eh bien, c'est pareil.

Néanmoins, certaines personnes vivant dans de petites surfaces ne peuvent envisager une telle installation. Ça a été mon cas pendant des années. Si c'est aussi votre cas et si vous avez appliqué ce que j'ai écrit plus haut, vous avez donc toute votre vaisselle de cuisine en train de prendre son bain d'eau brûlante avec du produit pendant que vous mangez. Après votre repas, faites cette vaisselle de cuisine tout de suite, en la rinçant à l'eau très chaude, que vous prenez soin de garder pour la planète et pour gagner du temps ensuite. Essuyez et rangez... tout en mettant à tremper la vaisselle de votre repas dans l'eau chaude de rinçage avec du produit. Rincer à l'eau chaude va rendre les éléments très simples à essuyer, bien plus qu'avec de l'eau froide. Vous allez adorer... ou presque ! Dès que tout est rangé, attaquez la vaisselle de votre repas, que vous rincez à l'eau chaude et que vous essuyez et rangez dans la foulée.

La congélation

Si vous avez de quoi congeler, c'est formidable. Je ne vous ferai pas l'affront de vous expliquer comment vous servir de votre congélateur, mais revenons quand même au champ des possibles qui vous est offert et qui vous permettra de gagner du temps :

- Préparez deux repas au lieu d'un pour congeler le deuxième (et plus si nécessaire). Cuisiner en grande quantité ne prend pas plus de temps...
- Si vous devez préparer un légume, faites-en le triple que vous congèlerez. Idem pour les condiments.
- Achetez quelques légumes préparés congelés.
- Le pain se congèle très bien et vous évite d'aller chaque jour à la boulangerie ou de simplement manquer de pain.

Cette liste peut s'allonger avec vos propres habitudes. Je vous invite à réfléchir à comment globaliser vos dépenses de temps en utilisant le congélateur.

Les voisins

Que faire de ses voisins ? C'est une excellente question, n'est-ce pas ! Quand j'ai travaillé en restauration, je me suis étonné de voir à quel point avoir 10 clients ou 50 prenait autant de temps en cuisine. Les temps de courses, mise en place, préparation, vaisselle étaient sensiblement les mêmes. Alors, si vous avez des voisins sympa, il y a une application directe à mettre en place, d'une redoutable efficacité : l'alternance de la cuisine entre voisins.

Un soir par semaine, vous faites à manger pour vous (et votre famille si vous ne vivez pas seul), ainsi que pour toutes les personnes habitant chez votre voisin. Inversement, le lendemain, c'est votre voisin qui s'occupe de cuisiner pour vous.

Inutile de créer un oppressant rituel de « bah, venez manger avec nous », ça n'est pas le but. Vous allez juste créer encore du temps en plus pour vous et, par ricochet, en offrir à votre voisin ! Vous pouvez bien sûr le faire avec plusieurs voisins, et ainsi transformer la vie de votre palier, immeuble ou quartier !

Je rêve d'ailleurs d'un monde où chacun prévoirait ses repas sur une semaine et où tous les voisins réuniraient leurs listes de courses. Chaque semaine, deux voisins seraient missionnés pour faire les courses pour tout le monde, en achetant en gros. Un bénéfice temporel et financier pour tous les participants !

Comment gérer son courrier administratif

J'ai toujours eu énormément de mal à gérer mes papiers, mes courriers et mes obligations administratives. Et puis un jour, j'ai eu une révélation : il s'agit de... gérer immédiatement son courrier ! Ne vous moquez pas et continuez votre lecture...

Je sais à quel point ces lignes prêtent à sourire, mais si vous avez tendance à procrastiner comme moi, ou si vous êtes atteint de cette fameuse phobie administrative (qui, soit dit en passant, n'existe pas médicalement parlant), alors vous comprendrez parfaitement en quoi c'est une révolution.

Lorsque l'on met de côté ce genre d'obligations, on subit trois désagréments :

- de possibles pénalités ;
- le stress de devoir le faire dans l'urgence un jour où on n'a pas forcément de temps pour cela ;
- une charge mentale permanente à chaque fois que l'on pense qu'il y a cette tâche en attente.

Certaines personnes sont capables de consacrer une journée par semaine à leur courrier administratif. C'est une bonne chose, mais ce n'est pas mon cas, ni celui de tous les procrastinateurs. Vous n'avez alors qu'une solution : chaque jour, traitez immédiatement ce que vous recevez, vous aurez enfin l'esprit libre. Le plus amusant, c'est que depuis que je fais ça, je passe pour une personne très organisée qui aime bien faire « ses papiers » alors que je suis juste un paresseux de la paperasse qui parasite ce sentiment en s'en débarrassant au plus vite. Il vous faudra bien sûr garder du temps dans votre journée pour cela.

Mais pour que ce système fonctionne, il faut également être organisé dans ses papiers. Comment faire quand ce n'est pas non plus dans vos gènes ? La réponse consiste à ne pas aller dans un système classificateur que vous ne tiendrez pas. Investissez dans un grand bac et dans un système d'intercalaires adaptés à ce bac. Vous aurez l'intercalaire « Fiche de paie », « Électricité », « Téléphone », « Impôts », etc. Une fois que vous avez traité un document, rangez-le dans l'intercalaire en question et en première place de cette intercalaire. En faisant ainsi, vous ne perdrez plus rien, ne chercherez plus vos papiers et aurez un rangement chronologique à l'intérieur de chaque intercalaire. Ce système n'est pas parfait, mais il a le mérite d'être facile à tenir et d'offrir une solution à ceux qui accumulent leurs courriers en pile sans même les ouvrir…

Si vous avez du mal avec la paperasse administrative, traitez-la chaque jour à réception et déposez-la ensuite dans un grand bac avec un système d'intercalaires.

LES ASTUCES AU TRAVAIL

L'heure est grave : chaque jour, des centaines de personnes perdent des minutes, des heures, des jours entiers à cause du numérique. Vous vous dites que je vais encore parler des réseaux sociaux ? Il n'en est rien. Cette perte de temps provient des spams, des ordinateurs qui plantent, de la perte de vos données, de ne plus savoir ce que vous devez faire ni où vous en êtes dans vos mails, qui vous devez rappeler, quels sont les SMS en souffrance, etc.

Je n'ai jamais eu ce problème car je souffre de tocs de rangement. Une petite maniaquerie qui m'a fait passer à côté de ce fléau dès l'arrivée de mon premier téléphone portable ! Et sûrement parce qu'à l'époque, sa mémoire était saturée avec une trentaine de SMS.

Voici un plan stratégique à mettre en place, qui va vous rendre service dans votre organisation, vos recherches, la création de temps supplémentaire, et même, dans votre motivation à vous mettre au travail.

Les mails

S'il y a bien quelque chose qui me ralentit, ce sont les mails. Plus mon activité a augmenté, plus le temps est passé et plus j'ai croulé sous les mails chaque matin. Jusqu'à un point où je me suis retrouvé interrompu par eux plusieurs fois par jour. Voici ce que j'ai mis en place au fur et mesure des années, affinant tout le temps ma méthode pour ne plus être en soumission face à mes différentes boîtes mails.

La première chose que vous devez faire est de créer un dossier « Archive ». À chaque fois que vous répondez à un mail et que vous voulez garder une trace de cette conversation, déplacez-le dans le dossier Archive. Si vous ne souhaitez pas garder cette conversation, mettez-la directement dans la corbeille. Dans les deux cas, ne gardez pas de mail déjà traité dans votre boîte de réception !

Le premier avantage est pour vous : tout ce que vous voyez dans votre boîte de réception est des mails à traiter. C'est aussi clair que ça. Quand votre boîte mail est vide, c'est que vous êtes à jour. Les conversations à garder sont stockées dans le dossier Archive.

Le deuxième avantage est pour la planète. Vous allez indiquer dans vos préférences système que votre corbeille mail doit se vider automatiquement tous les 7 jours, libérant ainsi de la place dans les data centers. Saviez-vous qu'un mail stocké génère 10 grammes de CO_2 par an ! Si une entreprise de 100 personnes réduisait ses mails de 10 % par an, elle économiserait – en termes de CO_2 – l'équivalent d'un trajet Paris-New York en avion !

La méthode solo

Vous travaillez seul et sans équipe ? Rien n'est perdu... encore heureux !

Commencez par rédiger une réponse automatique expliquant que vous ne relevez vos mails qu'une seule fois par jour, tôt le matin. Ce message vous donne trois avantages.

Tout d'abord, les personnes qui vous contactent souvent vont rapidement l'intégrer et vous faire des mails plus complets, où une réponse de votre part permettra de terminer l'échange plutôt que de faire des dizaines d'allers-retours dans votre journée.

Ensuite, vous allez éviter le doublon, cette mauvaise manie que certaines personnes ont de vous appeler ou de vous envoyer un SMS quelques heures après vous avoir envoyé un mail.

Enfin, vous ne vous sentirez pas coupable : vous avez prévenu, les gens sont au courant.

Saviez-vous qu'un psychologue a récemment écrit que le temps de réponse acceptable à un mail devrait être d'une semaine ! L'instantanéité du numérique nous ment en nous faisant croire qu'un mail doit être traité dans la minute : c'est faux, vous pouvez décider de prendre le temps.

N'effacez plus vos spams à réception. Chaque matin, commencez par vous désabonner de tous les spams de la journée précédente et de ceux reçus pendant la nuit.

Évidemment, vous n'atteindrez jamais le 0 spam, mais vous éviterez que leur nombre ne gonfle jusqu'à l'infini. Quand je ne le faisais pas, j'avais atteint la cinquantaine de spams chaque matin en arrivant au bureau.

Enfin, coupez les notifications mails de votre téléphone et fermez votre logiciel de messagerie sur votre ordinateur. N'y allez que lorsque vous le décidez. Accepteriez-vous que votre facteur vienne sonner toutes les deux minutes chez vous pour vous donner du courrier non urgent et des prospectus ? Assurément non... Les mails sont des tyrans qui vous sortent de votre concentration, et on a vu plus haut (voir « Comment ne plus être interrompu ») que le cerveau a besoin de temps pour raccrocher ensuite les wagons. Vous devez décider de vos moments consacrés à votre boîte mail.

La majorité des mails que vous recevez ne sont pas urgents ou sont des publicités. Choisissez les moments où vous consultez votre boîte mail, ne le faites plus de manière automatique.

La méthode duo

Créez immédiatement trois boîtes mails : une perso pour vous, une professionnelle et une autre avec la personne qui collabore avec vous. Faites une réexpédition automatique de votre boîte professionnelle vers celle de la personne qui collabore avec vous.

Ensuite, n'installez sur vos appareils que votre boîte personnelle. Appliquez toute la méthode solo décrite ci-dessus pour cette boîte.

Ne communiquez que le mail de votre collaborateur ou de votre collaboratrice, que ce soit dans votre vie pro, perso ou sur vos éléments de communication. Ne donnez votre mail professionnel que lorsque vous vous sentez obligé de le donner... Mais comme vous ne l'avez installé nulle part... C'est la réexpédition vers la deuxième personne qui prendra le dessus. Et tant mieux !

Votre collaborateur ou collaboratrice va traiter à votre place l'ensemble de vos mails avec les consignes suivantes :

- Y passer plusieurs fois par jour.
- Traiter tout ce qu'il ou elle peut traiter sans vous.
- Noter les questions qu'il ou elle doit vous poser pour pouvoir répondre à certains mails.
- Ne vous déranger dans la journée pour un mail que si celui-ci a un caractère très urgent et très important. Évidemment, ça sera à vous de lui expliquer quels sont vos critères pour ces adjectifs.

Votre job est maintenant de créer un rituel. Chaque jour, avant de quitter votre bureau, prenez un moment pour répondre à toutes les questions notées par votre collaborateur ou collaboratrice pour qu'il ou elle puisse répondre le lendemain à tous les mails en souffrance, dès son arrivée. C'est à vous de déterminer le temps qu'il faut mais, d'expérience personnelle et en voyant autour de moi ceux qui ont appliqué ma méthode, il faut en moyenne 30 minutes. Et encore, j'exagère ! Durant une demi-heure, vous aurez largement le temps de répondre à ses questions pour les mails, de lui demander d'envoyer ceux que vous souhaitez, de lui poser des questions sur d'autres sujets et de répondre aux siennes. Enfin, faites un point sur le jour passé et sur le lendemain. Ce moment sera très efficace, vous fera gagner tous les temps d'échanges de votre journée (où vous êtes souvent imprécis car occupé à autre chose...) et deviendra vite un rituel.

La mise en dossier

À quoi reconnaît-on un bureau d'ordinateur bien rangé ? Au simple fait qu'il n'y a quasiment rien dessus. À la limite un ou deux dossiers, un ou deux fichiers ouverts quotidiennement, et pourquoi pas quelques raccourcis vers des logiciels que vous ouvrez tous les jours.

Vous allez donc devoir trier, ranger, caser, supprimer, regarder tout ce que vous avez dans votre disque dur ! Premier point positif : vous allez savoir ce que vous avez concrètement de stocké. Commencez par supprimer tout ce qui n'a pas de raison d'être, que ce soit de simples fichiers ou des applications dont vous ne vous servez plus. Ensuite, vérifiez du côté des applications qui se lancent automatiquement au démarrage de votre ordinateur, vous sont-elles vraiment utiles ? Si la réponse est non, vous devez les supprimer complètement, elles ralentissent les performances de votre processeur pour rien. Enfin, classez correctement tous vos fichiers en dossiers, abusez des sous-dossiers autant que vous voulez !

Cette étape vous demandera beaucoup de temps mais au bénéfice d'un temps de recherche quasi inexistant par la suite, d'un temps d'organisation amélioré, d'une charge mentale diminuée et d'une amélioration des performances de votre ordinateur.

Lorsque j'aide une personne à optimiser son ordinateur, je fais ensuite un test avec elle (même s'il est évident qu'à ce stade, la personne ne connaît pas ses dossiers et sous-dossiers par cœur, et c'est bien normal, ça n'est pas le but). Je lui demande de se mettre de l'autre côté de l'ordinateur et de me dire deux fichiers qu'elle a dans son ordinateur au hasard. Pour le premier, elle doit me guider et je peux lui dire ce que je vois à l'écran. Pour le deuxième, elle m'explique ce que contient le fichier et je dois pouvoir le retrouver seul. Si l'un de ces deux tests rate, c'est que le rangement n'est pas encore optimisé.

Par contre, si la logique est bonne et universelle, la personne doit être alors capable de guider quelqu'un à distance, par exemple au téléphone, pour aller chercher un fichier spécifique. Mieux que ça ! Sans être guidée, une personne devrait pouvoir trouver elle-même un fichier dont elle connaît l'existence.

Évidemment, dans un dernier temps, je recommande de déplacer tout ce qui peut l'être sur votre serveur. Vous ne savez pas de quoi je parle ? Alors vous allez adorer découvrir ce qui suit.

Le stockage de vos données

La perte de données, qu'elles soient personnelles ou professionnelles, est sûrement l'un des pires moments de notre vie pour nombre d'entre nous.

En 2014, je travaillais au Chili et au Pérou. En rentrant par l'aéroport de Lima, je me suis fait voler mon ordinateur ainsi que mes disques durs de sauvegarde. J'ai perdu tout ce que j'avais depuis 2011. Je ne m'en suis rendu compte qu'une fois arrivé à Paris, en ouvrant ma valise et en ne retrouvant que la housse de l'ordinateur et son chargeur... S'en est suivie une vraie dépression de 15 jours. Je travaillais dans plus de vingt pays par an en moyenne, tous ces souvenirs étaient perdus, tous mes textes, tout mon travail.

Il m'a fallu tout reprendre de zéro, étape par étape. Comme j'avais déjà opté pour le calendrier numérique partagé, ainsi que pour un carnet d'adresses en ligne, je n'avais pas de problème côté agenda et contacts. Je regardais la semaine à venir et je recréais ce que j'avais perdu pour pouvoir mener à bien mon travail. Je me suis alors promis une chose : « Plus jamais ça. »

La solution est de passer par un cloud, de la sauvegarde en ligne ou des dossiers partagés. Cinq ans après ma mésaventure, il existe beaucoup de solutions comme Dropbox, avec une offre gratuite jusqu'à un certain stockage. Vous avez l'embarras du choix.

Néanmoins, je vous recommande d'avoir votre propre serveur chez vous, monté en duo. N'ouvrez pas de grands yeux ronds, je vais vous expliquer. C'est une solution de stockage composée au minimum de deux disques durs que vous avez chez vous, branchés directement à votre box.

Lorsque vous stockez, vous n'avez accès qu'à un seul disque et le deuxième copie en permanence ce qu'il y a sur le premier. Si le premier crash ou a un souci, vous basculez automatiquement sur le deuxième sans vous en rendre compte puisque les données sont déjà présentes. Vous n'avez plus qu'à changer le disque défectueux qui se mettra en mode « copie de l'autre disque » dès son installation. En fonction de vos besoins de stockage, il y a des serveurs plus ou moins gros, avec plus ou moins de disques dedans.

Vous obtenez ainsi votre propre cloud et pouvez mettre toutes vos données dessus sans limite, avec une interface simple et intuitive. La plupart d'entre eux sont accessibles depuis votre ordinateur, votre téléphone ou votre adresse Internet ! Votre ordinateur deviendra une simple station de travail car tout sera stocké ailleurs.

Les SMS

Un peu comme pour les mails de votre ordinateur, vous allez commencer par supprimer les messages dont vous n'avez pas besoin de garder une trace. Mais que faire des messages ne demandant plus d'action de votre part, mais que vous voulez conserver pour mémoire ? Faites une capture d'écran du message et mettez l'image dans un dossier dédié à cela sur votre ordinateur ou votre serveur.

Dans un premier temps, vous allez avoir du mal à effacer des messages personnels ou de personnes que vous appréciez, mais honnêtement, relisez-vous ces messages que vous stockez ainsi ? Remontez-vous ces fils de conversation sur plusieurs mois, voire plusieurs années ? Alors, relisez-les une dernière fois si vous le souhaitez, mais supprimez-les ensuite.

Quand vous recevez un SMS, supprimez-le s'il ne demande pas de réponse de votre part, gardez-le si vous devez y répondre et supprimez-le une fois que vous avez répondu. Vous allez découvrir le plaisir de la page blanche quand vous êtes à jour dans vos SMS. Une sensation dont on ne se passe plus ensuite !

Les réseaux sociaux

Le problème avec les réseaux sociaux, c'est que chacun d'entre eux a développé son propre logiciel de messagerie interne. Ça augmente les points d'entrée vers vous, les notifications qui peuvent vous couper dans votre concentration et les endroits que vous avez envie de vérifier « parce qu'on ne sait jamais ». Ça peut vite devenir une occupation addictive. De plus, quand vous allez vérifier toutes ces messageries, vous – tout comme moi avant – allez vous faire avoir à traînasser sur le réseau en question, et ainsi perdre votre temps et votre motivation.

Je me suis d'abord imposé une règle simple : je ne traite pas les demandes professionnelles issues des réseaux sociaux. De Facebook à Instagram, il ne faut que quelques secondes à quelqu'un pour trouver mon mail. De même, je ne réponds pas forcément aux questions dont on peut trouver la réponse en un clic sur le même réseau social, sur un moteur de recherche ou sur mon site Internet.

J'utilise également une astuce que l'humoriste Vérino m'a apprise : si vous avez une page professionnelle sur Facebook, vous pouvez créer une réponse automatique. Dans cette réponse, vous pouvez stipuler qu'il s'agit d'un message automatique, que vous n'avez donc pas vu le message et vous allez renvoyer les personnes vers votre site ou votre adresse mail. Vous avez ainsi une messagerie en moins à gérer. Pour les autres messages, supprimez-les directement s'ils n'appellent aucune action ou réponse de votre part. Archivez ceux dont vous voulez garder une trace car vous en aurez besoin dans le futur. Et supprimez ceux auxquels vous avez répondu.

Désactivez ensuite, si vous ne l'avez pas encore fait, toutes les notifications de ces réseaux sociaux sur votre téléphone et/ou ordinateur. Vous aurez tout le temps de les voir quand vous déciderez de vous mettre dessus consciemment, sur un temps que vous avez décidé, et non plus par réflexe à chaque notification.

Les appels et le répondeur

C'est à cet endroit que l'on commence à me prendre pour un monomaniaque. Car bien sûr, j'applique encore la méthode de rangement par le vide. Vous devez supprimer régulièrement l'historique des appels, ainsi que les messages sur votre répondeur. Quand vous prenez un moment pour appeler des gens, ou pour écouter vos messages, ou encore pour rappeler les appels manqués, vous pouvez ensuite prendre quelques secondes pour effacer l'historique et les messages sur votre répondeur qui ne demandent plus d'autres actions de votre part.

Comme toujours : quand tout est vide, c'est que vous êtes à jour ! Vous n'oublierez plus de rappeler quelqu'un avec cette méthode.

NE VOYAGEZ PLUS AU HASARD

Parfois, le temps infini se trouve dans le bon sens. Sans révolutionner vos voyages, ce chapitre vous aidera à revoir vos basiques pour l'organisation de vos déplacements et vous offrira sûrement quelques astuces qui vous seront utiles.

LE TRANSPORT

Je vous rassure, je n'ai pas développé de méthodes pour réserver des trajets ! Néanmoins à force de tourner avec mes spectacles, conférences et dédicaces (plus de 150 allers-retours par an), j'ai optimisé ces trajets.

Le train

La première « règle » que j'applique, comme je voyage principalement en train, est de prendre mon retour à l'horaire le plus tôt de la journée. Après quinze ans d'expérience, je peux vous affirmer qu'il n'y a aucun bénéfice à partir de l'hôtel à

9 heures plutôt qu'à 7 heures. En partant tôt, vous pourrez toujours terminer votre nuit dans le train si nécessaire et arriver tôt chez vous. Ainsi, vous ne consommerez pas deux jours pour un déplacement lié à une activité sur une seule journée.

Avant de partir de chez vous, apprenez votre place avec un moyen mnémotechnique ou simplement par cœur. Dans le deuxième cas, n'apprenez qu'un seul numéro fusionnant l'ensemble des informations. Par exemple (j'écris ces lignes dans ma loge à Saint-Étienne), pour venir en train, j'étais dans la voiture 2 place 33. J'ai simplement retenu 233 plutôt que des informations séparées. Retenir cette information vous évitera de sortir des dizaines de fois votre billet ou votre téléphone.

Avant de partir, réfléchissez à ce que vous allez faire dans le train. Une chose est sûre – et c'est encore l'expérience qui parle –, vous ferez deux fois moins de choses que ce que vous pensez. Donc ne vous surchargez pas. Commencez par télécharger du contenu hors ligne sur votre téléphone ou votre ordinateur. Que ce soit de la musique, des films, des séries, des épisodes sur Netflix, des podcasts audio, etc. On ne capte jamais correctement sur un trajet (ne serait-ce qu'à cause des changements d'antennes relais). Prévoyez une seule tâche non urgente sur laquelle vous pouvez avancer et de la lecture... et c'est tout ! Cette configuration est largement suffisante sur un trajet d'une heure en train (comme sur un vol de huit heures en avion). Si vous aimez les jeux vidéo, vous pouvez prévoir votre console portable évidemment.

Vous allez partager votre trajet entre sommeil, loisir, réflexion et travail... dans cet ordre. Mais si je peux vous conseiller quelque chose : ne cherchez pas à utiliser Internet ou à téléphoner. Peu importe la durée de votre trajet, vous pouvez assurément vous en passer durant quelques heures et il n'y a pas pires pertes de temps que d'attendre des chargements de pages Internet ou d'applications. Si vous lisez ce livre, c'est que vous ne voulez plus dépenser du temps à attendre sans but, préférez la lecture ou une bonne série dans ce cas...

Pour vos heures d'arrivée, que ce soit en gare ou à l'aéroport, ne prévoyez pas trop large. Calculez le temps de trajet moyen jusqu'à la gare et ajoutez 10 minutes, 15 en cas de stress. Jamais plus de 20 minutes ! Les voies des trains sont annoncées en moyenne 20 minutes avant le départ. En faisant ainsi, vous pourrez monter dans le train directement en arrivant à la gare.

L'avion

Si vous avez un bagage en soute, prévoyez d'arriver 1 h 30 avant l'heure de votre vol. C'est même déjà trop. Arriver plus tôt vous garantit simplement de faire la queue au comptoir d'enregistrement. Arriver en dernier optimise en plus vos chances que votre valise sorte dans les premières à l'arrivée du vol (puisque votre bagage aura été chargé en dernier dans la soute !).

Si vous n'avez pas de bagages en soute, prévoyez d'arriver 40 minutes avant l'heure du vol, c'est suffisant. Allez jusqu'à la porte d'embarquement et restez assis tant que les trois quarts des passagers n'ont pas embarqué. Ensuite, mettez-vous dans la file pour ne pas subir le surbooking des bagages à main, qui sont alors mis en soute, ce qui arrive quand il n'y a plus de places au-dessus des sièges.

Prévoyez toujours de faire votre enregistrement en ligne même si vous avez un bagage en soute. Les enregistrements ouvrent entre 24 heures et 3 semaines avant votre départ ! Vous pourrez changer de siège pour vous mettre où vous voulez, le plus près possible de la sortie pour gagner du temps à votre arrivée. Pour quelques dizaines d'euros, vous pouvez parfois prendre un siège plus confortable, avec plus de place pour les jambes. Ces billets ont souvent d'autres avantages, comme l'autorisation d'avoir un deuxième bagage cabine avec soi, un coupe-file pour l'enregistrement du bagage en soute, la sécurité, la douane et toutes les files d'attente. Pensez encore une fois à la valeur de votre temps et calculez s'il n'est pas plus rentable de prendre ce siège.

SUR PLACE

Quel dommage de perdre du temps pendant nos séjours en dehors de chez nous, qu'ils soient pour le loisir ou le travail ! Voici un condensé des meilleures pratiques que j'ai pu mettre en place ou que j'ai pu voir appliquées avec succès.

La meilleure habitude que j'ai pu voir (et dont j'ai pu largement bénéficier) est le repérage. Je suis un pro de l'organisation efficace, mais je ne fais jamais de repérages sur les activités possibles à faire sur place. Que ce soit sur un voyage pour le travail ou – pire – pour mes propres vacances. J'ai la chance de voir Céline utiliser une partie de son temps personnel pour chercher, fouiner, repérer, se renseigner. Elle copie-colle ces informations dans un seul fichier sur son téléphone et une fois sur place, quand il y a un peu de temps libre ou que l'on se demande quoi faire le lendemain, elle a toujours mille choses formidables à proposer, pas loin, dans un budget connu à l'avance.

La seconde bonne habitude à prendre, c'est l'emménagement à l'hôtel ou dans le lieu où vous logerez. Je n'utilise pas « emménagement » de manière abusive. À votre arrivée, votre premier réflexe doit être d'ouvrir en grand le lit… mais pas pour y dormir ! Pour vérifier sous les draps et la housse de matelas s'il n'y a pas de petites tâches marron. Vérifiez dans les pliures. Pourquoi ? Pour les punaises de lit ! Un fléau que vous ramenez chez vous si vous n'y prenez pas garde et qui vous fera perdre beaucoup de temps, d'argent et d'énergie. Si vous détectez la moindre trace et que vous avez le moindre doute : mettez votre valise dans la baignoire ou le bac de douche et laissez-les là sans les ouvrir. Voyez ensuite avec le propriétaire ou la réception pour changer de chambre en lui faisant constater le problème (un bon moyen pour renégocier le prix de votre séjour également).

Une fois que tout est OK et exempt de ces démons (oui… vous devinez que j'ai été confronté aux punaises de lit… et malheureusement, c'est un problème courant), vous pouvez enfin investir les lieux. Videz entièrement votre valise pour prendre possession des lieux et vous sentir chez vous. Même si vous ne restez qu'une nuit. Dans les faits, cela ne vous prendra que quelques minutes plutôt que de vous asseoir en arrivant dans la chambre, et vous aurez vite tendance à moins mettre de choses inutiles dans votre valise.

Si vous avez besoin d'Internet, je vous recommande d'investir dans une vraie solution mobile, une box 4G nomade que vous emporterez partout avec vous. Durant mes premières tournées, je me fiais au réseau que j'allais trouver dans les théâtres et les hôtels. Malheureusement, vous savez qu'il faut souvent courir après le code wi-fi, qu'Internet est parfois payant, que le débit descendant est régulièrement mauvais, que le débit montant est très mauvais, que périodiquement, il n'y a pas Internet ou que le réseau ne fonctionne pas. Souvenez-vous : autonomie et liberté ! Depuis quatre ans, je me promène avec une box 4G, plus efficace qu'un petit boîtier, et je ne perds plus de temps. Tous mes appareils se connectent automatiquement, et lorsque je suis avec mon équipe et que nos chambres ne sont pas trop éloignées, ils en bénéficient aussi.

Durant votre séjour, rangez correctement vos affaires au fur et à mesure, vous y verrez plus clair et ne perdrez jamais de temps à chercher. Si vous restez longtemps au même endroit, pensez à faire laver votre linge avant de partir si vos moyens le permettent, ce service est malheureusement souvent hors de prix. La veille de votre départ, préparez votre valise prête à partir, ou quasiment. Vous ne devez pas avoir grand-chose à rajouter dedans à la dernière minute et la place de ces dernières choses doit être anticipée (par exemple, la place de votre trousse de toilette). Le but du jeu est que le lendemain matin, même si vous ratez le réveil, vous soyez prêt à partir en quelques actions seulement, sans devoir courir dans tous les sens.

VOTRE TEMPS EST INFINI : LES DERNIERS SECRETS

Les astuces sont comme votre temps : lorsque vous pensez ne plus en avoir, il y en a encore ! Je ne pouvais aborder avec vous ces dernières qu'une fois bien comprise ma vision du temps infini. Elles n'en sont pas moins importantes et vont au contraire compléter la vision de votre propre temps.

POURQUOI 10 % SUFFISENT

Voici une théorie intéressante que j'ai toujours appliquée inconsciemment. Je ne l'ai conscientisée qu'au contact de mon entourage qui attendait toujours d'être complètement prêt pour entamer quelque chose de nouveau. Devinez ce qui se passe ensuite... Eh oui, ils ne commencent jamais...

Lorsque vous entamez un nouveau projet – personnel comme professionnel –, vous commencez instantanément à vous poser des questions sur « comment » et « pourquoi ». Vous avez des craintes et vous ne voulez décevoir ni les autres, ni vous-même. Tout ceci est un frein considérable qui empêche la mise en mouvement.

À partir du moment où j'ai 5 à 10 % des réponses aux questions que je me pose, je me mets en action, en mouvement. Je trouverai les 90 % de réponses manquantes sur mon trajet. La mise en action est impérative et les réponses viendront par la suite, par votre expérience, vos erreurs, vos rencontres, etc.

Quoi que vous souhaitiez entamer : n'attendez jamais. Il va de soi que ce conseil ne fonctionne que si vous êtes ensuite proactif, dans l'action, dans la démarche.

APPRENEZ TOUTE VOTRE VIE

Voici un autre concept dont le gain de temps ne va pas vous sauter aux yeux tout de suite : l'apprentissage discontinu. Le savoir est une arme redoutable qui se dissout de manière transversale dans toute votre vie, traversant sans barrière toutes les parties de votre vie personnelle et de votre vie professionnelle. Le savoir accroît également votre zone de confort. Plus vous apprenez, plus vous devenez redoutable dans votre manière de réfléchir !

Apprendre en permanence nécessite donc de lire régulièrement sur tous les sujets – de ce côté-là, je n'ai pas d'inquiétude pour vous puisque vous avez ouvert ce livre, vous êtes déjà dans cette démarche ! Je vous recommande néanmoins de vous astreindre à une lecture hors fiction quasi quotidienne d'au moins trente minutes. Il y a beaucoup de périodes de non-temps où vous pouvez le faire sans devoir dédier un créneau spécifique à cela.

Vous devez aussi aiguiser votre curiosité à son paroxysme. Si vous rencontrez quelqu'un de passionnant qui maîtrise un sujet où vous n'êtes pas spécialiste, prenez le temps de l'écouter. Même si le sujet ne vous passionne pas *a priori*. Les connexions qui en découlent sont inestimables. En lisant ce livre, vous avez peut-être remarqué à quel point j'ai résolu mes problématiques d'organisation, de temps, de décision et de procrastination en observant et en apprenant via des personnes et des domaines qui n'étaient pas pleinement dans mes centres d'intérêt.

Vous pouvez également vous former régulièrement sur des sujets que vous souhaitez approfondir :

- soit lors d'une conférence ou d'une formation physique (j'entends par là en dehors d'Internet), c'est la meilleure option car vous allez vous enrichir de ce que donnent les personnes présentes, pouvoir poser des questions, approfondir ;

- soit en autodidacte, en créant votre propre formation. En 2015, dans l'incapacité de trouver une période pour aller en formation, j'ai dû apprendre le montage vidéo par moi-même juste avant de commencer mon grand défi de réaliser une vidéo par jour pendant une année. Pour cela, j'ai acheté trois livres sur le sujet et sur mon logiciel de montage (après avoir pris soin de feuilleter longuement tous les ouvrages disponibles dans ma librairie), et je me suis lancé dans des projets de montage fictif pour alterner théorie et pratique. Pas aussi rapide qu'une formation sur le terrain, mais en adéquation avec ma logique « 1 vaut mieux que 0 ». J'ai ensuite complété mes besoins en consultant des tutoriels spécifiques sur Internet lorsque je devais résoudre une problématique ;

- soit en écoutant des podcasts et des livres audio. Il en existe sur tous les sujets et ils peuvent vous accompagner dans tous les moments de votre journée, sur un déplacement, une activité sportive, durant la réalisation de tâches ne demandant pas de réflexion intense, etc. Pour l'anecdote, j'ai appris énormément sur la biodiversité en montant mes meubles lors de mon dernier déménagement... et je n'ai pas vu le temps passer !

LA THÉORIE DE L'HYDRE

J'ai la particularité de vite me lasser de ce qui au départ me stimule. À bien y regarder, c'est très frustrant car j'aime la découverte, le challenge et la nouveauté. Nous sommes tous un peu faits de ce travers. Dans ma vie personnelle, ce fonctionnement a peu d'impact, mais dans ma vie professionnelle, cela devient vite contre-productif, surtout lorsqu'on est entrepreneur ou entrepreneuse...

Pour transformer ce problème en avantage, je me suis imaginé que ma vie professionnelle était une hydre comme celle qu'Hercule a vaincue lors de ses douze travaux (il fut d'ailleurs aidé de Iolaos. Vous savez maintenant que déléguer est primordial ! Pour l'anecdote, Eurysthée a considéré que l'épreuve n'était pas régulière et qu'elle ne comptait pas. À sa décharge, elle n'avait pas encore lu ce livre...).

Mon hydre virtuelle – que je tiens à jour dans mon BuJo – est composée de plusieurs têtes. Chacune représente l'une de mes activités en place, naissante ou en projet. La taille de chaque tête dépend de l'importance qu'elle prend dans ma vie professionnelle. Néanmoins, les têtes sont gourmandes... Elles se nourrissent de ressources financières, et surtout d'une potion composée de temps et d'énergie humaine.

J'ai également noté deux gros sacs de nourriture contenant pour l'un les ressources financières à disposition, et pour l'autre le temps humain disponible (le mien et celui des personnes qui travaillent avec moi).

Chaque tête consomme des ressources mais en génère également. Elles produisent des moyens financiers et d'autres richesses inhérentes à chaque projet (de la crédibilité, de la joie, de la passion, de la reconnaissance de ma marque, de l'acquisition, etc.).

Une fois par mois je prends le temps de m'occuper de la bête ! J'analyse d'abord les têtes les plus grosses. Que génèrent-elles ? Que consomment-elles ? Est-ce que je peux réduire leur régime sans affecter ce qu'elles produisent ? Puis-je au contraire améliorer ce qu'elles génèrent en augmentant certaines de leurs ressources ?

Je m'attaque ensuite à faire le point sur les plus petites têtes. Sont-elles dans un développement normal ? Certaines ne sont-elles pas des gouffres de consommation alors qu'elles ne génèrent pas ou peu ? Ai-je quelques têtes cachées par d'autres qui ne sont que des bouches à nourrir ?

Une fois ce point réalisé, je me saisis, tel Hercule, de mon épée et d'un bout de bois enflammé… Je commence par prendre la décision de décapiter toutes les têtes qui consomment sans générer ni revenus, ni joie, ni passion. Aussi radicalement que ça. Et de ma main droite, je cautérise tout de suite la plaie avec le bâton enflammé. Cette image m'aide à ne pas perdre de temps sur des questions d'égo ou d'espoir futile. Si ça ne marche pas, que cela prend du temps ou de l'argent, et que la passion n'est pas présente : arrêtez ! Pourquoi vouloir maintenir l'une de ces têtes si ce n'est par égo ou espoir fou ? Stopper une activité inutile à temps n'est pas un échec : c'est une réussite que vous devez célébrer !

Dans ce cas, je note ensuite les ressources qui retournent dans leurs sacs de nourriture respectifs, puis je m'attelle au dernier point : ai-je envie ou besoin de faire pousser de nouvelles têtes ? Si oui, je lance ces nouveaux projets. Ai-je envie de nourrir davantage les grosses têtes suivant la première analyse que j'ai réalisée quelques paragraphes plus haut ? Si oui, je place des ressources au bon endroit. Et enfin, je vérifie que les sacs de nourriture ne sont pas vides… on ne sait jamais de quoi est fait l'avenir !

L'imaginaire autour de cette hydre aide à prendre du recul sur ce que vous faites, en vous dissociant, avec des filtres qui sont les ressources financières, le temps disponible et la joie procurée. Mon hydre est une image simple mais réaliste, une véritable synthèse qui me permet de prendre des décisions factuelles, de savoir où j'en suis et… de le faire de manière amusante.

LE SECRET DE LA RÉUSSITE

Je vais vous présenter le schéma de la réussite. J'entends par « réussite » la réalisation d'un objectif.

La première fois que j'ai découvert ce principe, c'était lors d'un déjeuner avec un auteur dont je respecte autant l'œuvre que la personnalité : Bernard Werber. Il me dit alors que pour réussir quelque chose, il fallait que deux des trois ingrédients majeurs soient réunis. Les ingrédients sont : le travail, le talent, la chance. Voyons-les en détail.

La chance

Elle ne dépend pas de vous. Elle peut se matérialiser en une rencontre, une découverte, une idée, etc. Quoi qu'il arrive, vous ne pouvez pas décider de la faire apparaître, ni quand la faire venir.

Le talent

C'est une notion abstraite. Vous n'aurez pas besoin des mêmes talents pour réussir des choses différentes. Jacques Brel disait que « le talent, c'est d'avoir le goût de faire quelque chose, l'envie de faire quelque chose ». Pour notre analyse, le talent sera simplement d'avoir une facilité innée à faire quelque chose. Et là encore… cela ne dépend pas de vous.

Le travail

Je définis la composition du travail de la sorte : un mélange de temps consacré et d'énergie dépensée. Le seul ingrédient où vous pouvez agir ! Qu'il s'agisse d'éléments de votre métier, de votre vie personnelle ou de votre développement personnel, c'est vous qui décidez du travail que vous allez fournir.

Selon Bernard donc, il faudrait avoir au mieux les trois ingrédients pour très bien réussir quelque chose. Sinon, il faudrait au moins une base de talent ou de chance, puis fournir du travail pour pouvoir simplement réussir.

Ce schéma me fut très inspirant, j'ai presque pu entendre un déclic dans mon esprit. Puisque je ne me considère pas comme ayant un talent particulier et comme je ne compterai jamais sur la chance... comment exploiter le seul ingrédient que je peux maîtriser ? Simplement en le stimulant plus ! Pas deux ou trois fois plus... mais cent fois plus !

Malheureusement, je ne suis pas détenteur d'une machine à cloner... mais je peux fabriquer du temps ! Avec toute la méthode que je vous livre ici, j'ai pu obtenir un temps infini dans tous les domaines. Je vous le disais en première partie (voir « Qu'est-ce qui est mieux que zéro ? ») : « Le travail ne paie pas toujours mais la masse de travail paie toujours un minimum. »

Je sais maintenant qu'à chaque fois que je fournis du travail en masse, qu'importe la chance, qu'importe le talent, il y aura toujours un minimum de résultat positif. Et comme 1 vaut mieux que 0... Vous m'avez compris !

COMMENT CRÉER UN 32^E JOUR PAR MOIS

Je ne vous promets pas de figer le temps, vous avez déjà créé assez de temps neuf depuis que vous avez commencé à lire ce livre. Plus serait de la gourmandise. La 32e journée est un concept que j'ai mis au point et qui me fait gagner du temps... tout en prenant du temps... de manière très agréable. À ce jour, toutes les personnes que j'ai initiées ont maintenu ce 32e jour et m'en parlent régulièrement.

Vous savez comment gagner des heures en plus dans vos journées, vous savez optimiser votre temps et comprendre comment il fonctionne, vous donner des objectifs, être concentré, etc. Mais que faire des petits riens de la vie ? Je parle des « il faudrait que », « il serait bien de », « pourquoi ne pas faire », « à l'occasion, je commanderai ce », et tous leurs dérivés.

Ce sont des petites idées, des mini-pistes à explorer, des envies, des petits achats non urgents, un SMS ou une lettre à envoyer à quelqu'un, ces petits riens qui nous traversent l'esprit régulièrement et que l'on oublie par manque de priorité ou de temps dédié.

Je vous propose de détourner le principe de la boîte à idées. Dédiez une petite boîte à ce projet. À côté, mettez un tas de Post-it avec un crayon. C'est la première étape de ce 32e jour. À partir de maintenant, à chaque fois qu'un de ces petits riens vous traverse l'esprit, notez-le immédiatement sur un Post-it (ou sur votre BuJo) et glissez-le dans la boîte.

Étape suivante : vous devez réserver une demi-journée par mois pour ce qui va suivre. Ces demi-journées doivent être séparées d'au minimum 25 jours pour avoir du sens. Personnellement, c'est la dernière demi-journée du mois, peu importe quel jour de la semaine tombe la dernière journée du mois. Je considère donc que le mois s'arrête à 12 h 30 le dernier jour. Avant le 1er du mois suivant existe donc le merveilleux 32e jour.

Cette demi-journée n'est faite que de plaisir : vous avez libéré votre agenda, n'avez aucune contrainte personnelle ou professionnelle, ce non-temps est dédié à votre boîte ! Vous l'ouvrez et prenez un Post-it dedans que vous allez « résoudre ». C'est une idée d'achat à faire ? Partez faire les magasins ou cherchez sur Internet ce que vous vouliez jusqu'à temps de l'acheter. Ne prenez pas d'autres Post-it tant que vous n'êtes pas allé au bout ! Et enchaînez ainsi ces petits riens. Si c'est un début d'idée que vous vouliez travailler « un jour » sans pression, eh bien sachez que ce jour est arrivé !

Parfois, vous aurez le temps de gérer des dizaines de Post-it, vidant peut-être la boîte. D'autres fois, vous n'en ferez qu'un seul. Mais à chaque fois, je peux vous certifier que vous vivrez ce 32e jour comme de petites vacances qui vont vous ressourcer.

N'ayez pas de limites dans vos Post-it. Pour vous donner un exemple de ce que je m'autorise, le dernier que j'ai écrit est « Essayer un nouveau jeu vidéo d'escape game ».

Avec le 32e jour, vous allez vraiment prendre soin de vous...

ÉPILOGUE

Nous y sommes... Vous venez de lire trente-six ans d'expérience de création de temps supplémentaire, d'organisation et de productivité... d'un procrastinateur-né !

Aujourd'hui encore, je me trouve paresseux alors que mon entourage trouve que j'en fais trop. Mais je connais mes démons, et si je n'avais pas développé toutes ces stratégies, je ne pourrais pas réaliser toutes ces choses quotidiennement... Et encore moins écrire un livre.

La plupart des chapitres de ce livre commencent par la genèse, j'espère que vous appréciez ce style. Je voulais vous montrer qu'en gardant un esprit alerte et ouvert, on pouvait s'inspirer des autres, dans d'autres domaines que le nôtre, pour amener une astuce dans notre propre vie.

Gardez toujours une curiosité sur tout ce qui vous entoure et vous constaterez que toutes les solutions dont vous avez besoin sont à portée de réflexion.

J'ai pu aider beaucoup de personnes, et depuis quelques années, venir à mon bureau et me téléphoner sont le réflexe de nombreux copains, professionnels ou personnes à peine rencontrées qui viennent m'exposer leurs problématiques pour que je les solutionne. En écrivant ce livre, je viens donc de me créer beaucoup de temps supplémentaire, puisque ma réponse sera maintenant : « Commence par lire mon livre »...

Je voulais l'écrire depuis des années mais je ne me sentais pas pleinement légitime, avec une crainte que l'on puisse me rétorquer « Qu'est-ce que tu en sais ? » si la personne ne me connaissait pas personnellement. Et puis cette année, j'ai fait un point en me disant que ces trois dernières années, j'ai pu :

- Créer près de 700 vidéos sur Internet.
- Écrire un nouveau spectacle.
- Produire mon propre Olympia.
- Faire plus de 500 représentations en France, Suisse, Canada et Belgique.
- Écrire deux livres (maintenant trois).
- Lancer une chasse au trésor nationale permettant de gagner de véritables diamants.
- Créer une méthode de mémorisation.
- Créer un jeu sur l'univers du mensonge.
- Assurer des dizaines et des dizaines de dates de dédicace en librairies et dans les salons du livre.
- Monter une nouvelle société.
- Créer, développer et revendre un magazine gratuit distribué dans Paris.
- Co-écrire deux spectacles.
- Réaliser des dizaines de conférences et formations.
- Etc.

Tout cela en rentrant chaque jour vers 19 heures chez moi (sauf les soirs de représentation), sans que mon entourage ne ressente en permanence mon hyperactivité et en gardant du temps pour jouer, pour lire, pour apprendre, pour prendre des vacances, pour découvrir, pour moi.

Je suis la preuve que l'on peut être un paresseux hyperactif. Vous partez nécessairement de moins loin que moi, vous pouvez maintenant avoir du temps à l'infini… car votre temps est infini ! À chaque seconde que vous utiliserez comme vous le voulez vraiment, sachez que je serai fier de vous !

Tic-tac…

Tic-tac…

Qu'est-ce que vous faites encore là ?

INDEX

TABLE DES MATIÈRES

POCKET N° 17213

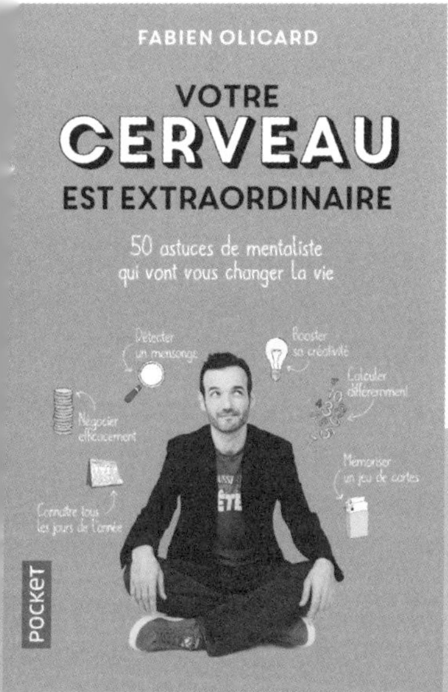

« Un livre très ludique pour exploiter toutes les ressources de notre cerveau. » **France 2**

Fabien OLICARD

VOTRE CERVEAU EST EXTRAORDINAIRE

On ne vous l'avait jamais dit ? Eh oui, votre cerveau est extraordinaire ! Avec quelques bons conseils, et deux, trois trucs, il n'appartient qu'à vous d'en développer tout le potentiel.

Découvrez des expériences à mener et des astuces pour bluffer les gens, mais aussi améliorer votre vie au quotidien : comment aborder un inconnu, reconnaître un menteur, lire dans les pensées, faire passer les migraines...

Votre cerveau a des ressources que vous ne soupçonniez pas. Fabien Olicard vous les révèle et vous explique comment les mettre à profit !

Retrouvez toute l'actualité de Pocket sur :
www.pocket.fr

Composition et mise en pages
Nord Compo à Villeneuve-d'Ascq

Pocket, 92 Avenue de France, 75013 Paris
Achevé d'imprimer en Espagne par Macrolibros, en février 2021